JN012798

―古事記の深層―弥生歴史物語

増訂版　出雲とヤマトと邪馬台国

藤原　淳詞

はじめに

二〇一九年四月三十日、第一二五代天皇が退位されて平成時代が終わり、同年五月一日に第一二六代天皇が即位されて令和時代が幕を開けました。この御代替《みよが》わりは「二千年の伝統」という世界最長の歴史を持ちます。今こそ日本最古の歴史書である古事記（もちろん現代語訳本で構いません）をひもとく絶好のタイミングではないでしょうか。

古事記には驚くほど出雲に関する記述が多い一方で、古代史・考古学の専門家ほど古代出雲の勢力について懐疑的でした。ところが昭和五十九年の荒神谷《こうじんだに》遺跡発掘以降、アマチュアの古代史研究家が続出し、プロアマ問わず古代出雲の謎について活発に議論しています。私はそれらに影響を受けつつも、三十年近くあれこれ思い巡らすうちに、古事記と出雲の謎を解く鍵はスサノオ（須佐之男命）の血統に違いないという結論に達しました。

御代替わりで歴代天皇が代々継承してきた「三種の神器《じんぎ》」は、八咫鏡《やたのかがみ》、草薙剣《くさなぎのつるぎ》、八尺瓊勾玉《やさかにのまがたま》です。そのうち、剣と勾玉が「剣璽等承継《けんじとうしょうけい》の儀《ぎ》」で継承されます。草薙剣（別称　草那芸乃太刀《くさなぎのたち》、天叢雲剣《あめのむらくものつるぎ》）は、スサノオが出雲国で退治したヤマタノオロチの尻尾から出て来た剣であり、勾玉は古代出雲地方で盛んに製造されていました。

ヤマト国が大和王権へと成長し、やがて日本になり現在に至るまで、歴代天皇が出雲を軽視できないのはなぜでしょうか。天皇を中心とした国造りは弥生時代中期に始まりました。天皇は天照大御神《あまてらすおおみかみ》から生まれた神の子孫とされます。しかし、弥生時代中~後期は、天照大御神の弟神であるスサノオから生まれた現人神《あらひとがみ》が各地で重要な役割を担い、（神話ではなく）現実の世界でスサノオ本家の血統が古代日本を牽引したはずです。

これから述べることはあくまでも私案に過ぎず、本書は歴史書ではなく物語であることをあらかじめご承知おきください。その上で、古代の「出雲とヤマトと邪馬台国」について、皆様がその謎を考察される際の一助に成り得たら幸いです。

本書は、令和元年九月に出版した初版を大幅に加筆修正し、巻末に登場人物（神）の系譜図を加えた増訂版です。

目次

増訂版　出雲とヤマトと邪馬台国

―古事記の深層―弥生歴史物語

物語概要１　縄文時代～弥生時代中期

縄文時代	紀元前（BC）	**前 5000 年** 鬼界カルデラの大噴火で西日本は火山に覆われた。 縄文人は、沖縄、朝鮮半島、東北に移住。
		前 2000 年 越で糸魚川産翡翠の加工が始まった。
弥生時代前期		**前 700 年** チベットあたりのアジア人が長江を下って九州北部に渡来し、ヤマトイワレビコになった。 彼らの影響を受けた原住民から次々と弥生人が誕生し、東へ人口を増やしていった。 ＜最初の神武東征＞
		前 200 年 秦国から徐福が渡来し、当時としては近代的な村を纒向に作った。 朝鮮半島南部で、倭人を王とする辰韓、馬韓、弁韓の三国が台頭。
弥生時代中期		**前 150 年** 辰韓王子のスサノオが渡来。出雲地方に鉄や銅の加工技術を教え、周辺の豪族をまとめて出雲国を建国した。
		前 100 年 出雲国王ヤシマジヌミが、辰韓からアメノホヒを招いて本格的な祈祷を導入。 出雲地方で勾玉作りが始まった。

物語概要 2　弥生時代中期

弥生時代中期	紀元前（BC）	前 80 年 出雲国で青銅の生産（鋳造）が増え始めた。 スサノオの孫のニギハヤヒ（大年神、大物主神）が纏向に移住し、畿内を出雲国に取込んだ。 前 60 年 出雲国王オミヅヌによって意宇を中心とした巨大連合国が誕生（国引き神話）。 オミヅヌの子のカモタケツノミが熊野で修行。 吉野ヶ里のミマキイリビコが纏向入り。 ＜二度目の神武東征＞ 前 30 年 纏向にミマキイリビコを天皇（崇神天皇）としたヤマト国が誕生。 ニギハヤヒが死去し、人神様として祀られる。 前 10 年 出雲国王アメノフユキヌの時代、毎年 10 月に各地の首長が出雲王国に集まる「神在月」が本格化。 出雲王国は、大陸や朝鮮半島から鉄や銅を大量輸入。 出雲型銅剣、銅矛、銅鐸ほか青銅器を大量生産。 ヤマト国は垂仁天皇が即位。出雲王国から野見宿禰がやって来て天覧相撲。 辰韓王子のアメノヒボコが渡来。

物語概要 3　弥生時代中期～後期

<table>
<tr><td rowspan="2">弥生時代中期</td><td rowspan="5">西暦（AD）</td><td>元年
出雲平野で大規模な灌漑工事が行われた。
出雲地方で四隅突出型墳丘墓が作られ始めた。
オオナムヂが出雲国王になり、大国主（初代）と称された。</td></tr>
<tr><td>40 年
神庭荒神谷や加茂岩倉で、銅剣、銅矛、銅鐸が大量に埋納された。</td></tr>
<tr><td rowspan="3">弥生時代後期</td><td>100 年
四隅突出型墳丘墓が山陰各地で次々に作られた。
朝鮮半島北部原住民が辰韓を占拠。追われた辰韓王家は宗像へ移住。</td></tr>
<tr><td>120 年
ヤマト国のニニギが九州遠征（天孫降臨）。
宗像の元辰韓王家がヤマト国と手を結び、初代建内宿祢が誕生。
第五代大国主ミカヌシヒコと宗像のヒナラシビメが結婚し、事代主が生まれた。</td></tr>
<tr><td>150 年
事代主が出雲国王とヤマト国天皇を兼任し、事実上の出雲国譲り。
出雲勾玉の需要が高まり、出雲国の景気が回復。</td></tr>
</table>

物語概要4　弥生時代後期～終末期

弥生時代後期	西暦（AD）	160年 西日本各地で高地性集落（軍事防衛的な村）が見られるようになった。戦争危機迫る。 出雲王国復活を旗印に、出雲系豪族が本州各地でヤマト勢力と衝突（倭国大乱）。 ニニギの孫のウガヤフキアエズが九州に王朝を築いた（ウガヤ王朝）。
弥生時代終末期		200年 神功皇后がウガヤに嫁いだ直後、ウガヤ謎の死。 神功皇后は（畿内ヤマト国の出張所として）ウガヤ王朝を含む九州一帯を治め、ヒミコと呼ばれた。 出雲国と畿内ヤマト国の戦争が本格化。 魏の使者がヒミコの所を訪れた（魏志倭人伝）。 ヒミコ死去。昼が夜のように暗くなり、これが何日も続いた。ヒミコの御霊をヤマト国の天照大御神に合祀。 250年 ヒミコの後継者としてトヨ（タキツヒメ）が女王に就任。 トヨに説得され、出雲国がヤマト国に降伏。 最初の出雲大社が建立された。

物語概要 5　弥生時代終末期～古墳時代前期

<table>
<tr><td>弥生時代終末期</td><td rowspan="3">西暦（AD）</td><td>270 年
筑紫のホムダワケがヤマト国入りし、天皇（応神天皇）に即位。
＜三度目の神武東征＞</td></tr>
<tr><td rowspan="2">古墳時代前期</td><td>300 年
ヤマトタケルが熊襲や東国をたて続けに制圧。
ヤマト王権誕生。
仁徳天皇が難波で即位。

朝鮮半島で、辰韓は新羅、馬韓は百済になった。</td></tr>
<tr><td>400 年
出雲地方に前方後円墳が出現。
奥出雲でたたら製鉄が始まった。</td></tr>
</table>

第一章　この物語の根底にあるもの

①日本人のルーツについて

　日本人の祖先は、二十万年前にアフリカを出発し、太陽が昇る場所に新天地を求め、ひたすら東に向かって歩き続けた好奇心旺盛な人たちでした。一旦、現在の＊[1]チベットあたり（長江《ちょうこう》上流）に落着いて暮らしていた人たちのうち、四万年前に一部がさらに東へ向かって日本へたどり着きました。二万年以上前は海面が今より一〇〇メートル以上低かったので、徒歩または小舟で移動できたのです（現在、対馬海峡《つしまかいきょう》の水深は約一〇〇メートル）。一万三千年くらい前に、ほぼ現在の日本列島の形になりました。

＊[1]現在、長江上流および周辺の省には、チベット自治区とは別にチベット族自治州

が点在する。

ご先祖「お日様が上がる所には何があるかなぁ」

「たぶんスゴイ場所だろうから行ってみよう」

途中で出会った住民「ここは俺らが住んでるから、どっか行け！」

ご先祖「お邪魔しました。もっと先に行きます」

といった具合に、争いを好まない温厚な人柄で、

ご先祖「オッ、虎が出てきた。襲われないように川の中を歩こう」

「そうだ！　丸木舟を作ろう」

このように物づくりが得意で、海洋民族の資質を持っていました。

②鬼界《きかい》カルデラの大噴火

紀元前五千年頃の縄文時代、薩摩半島沖の鬼界カルデラで大噴火が

起き、火山灰が九州南部で一メートル、瀬戸内～紀伊半島でも二十センチ積もりました。九州に住めなくなった縄文人は続々と船で逃げ、沖縄、朝鮮半島、東北へ分散しました。当時の朝鮮半島には人が生活していた痕跡がなく、縄文人が人類初の入植者だったと思われます。沖縄県民とアイヌ民が同じ遺伝子グループに属するのは、この大噴火の影響です。

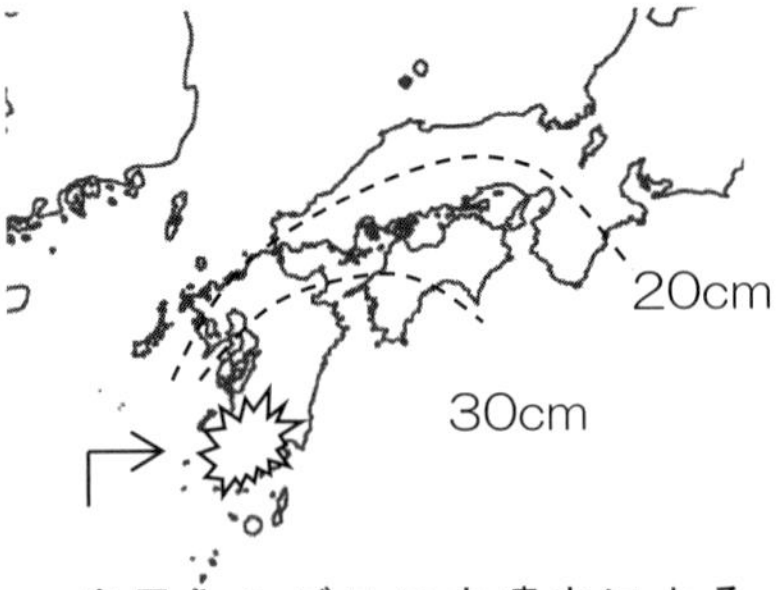

鬼界カルデラの大噴火による
火山灰の堆積

その後どれくらい経って九州に人が住めるようになったのかわかりませんが、紀元前十世紀の縄文時代晩期には、多くの縄文人が舟で本州～九州～朝鮮半島を行き来していたと思われます。そこに住む人たちは、基本的に同系の民族でした。

③Y染色体の分布と民族移動

母系遺伝子《ぼけいいでんし》（ミトコンドリアDNA）は男女ともに遺伝します。一方、父系遺伝子《ふけいいでんし》（Y染色体）は男性にのみ遺伝します。太古の民族移動は、通常、男性が行く先々の女性と夫婦になり妻子を連れて移動したと考えられ、父系遺伝子の型（Y染色体ハプログループ）の分布を見れば民族がどのように移動したか推測できます。

四万年前、古代チベット人と古代日本人はほぼ同じ民族でした。現在でも、「D」型の父系遺伝子を特徴とする国（民族）は、近隣ではチベットと日本だけです（モンゴル＝C、中国＝02、インドネシア＝01b、朝鮮半島＝01bと02、台湾＝01a）。恐らく、両国（民族）に共通の祖先の一部がチベットを出発し、主に*2長江《ちょうこう》を下る東方ルートで*3日本へたどり着いたのではないでしょうか。

*2四万年前、長江にどれくらい水が流れていたか詳細は不明。

*3チベットから一部南下して、インド東南の諸島に到達したグループもある。

さらに、ずっと後になって、紀元前八世紀頃のチベットに*4ヘブライ人（イスラエル人）が集団でやって来ました。

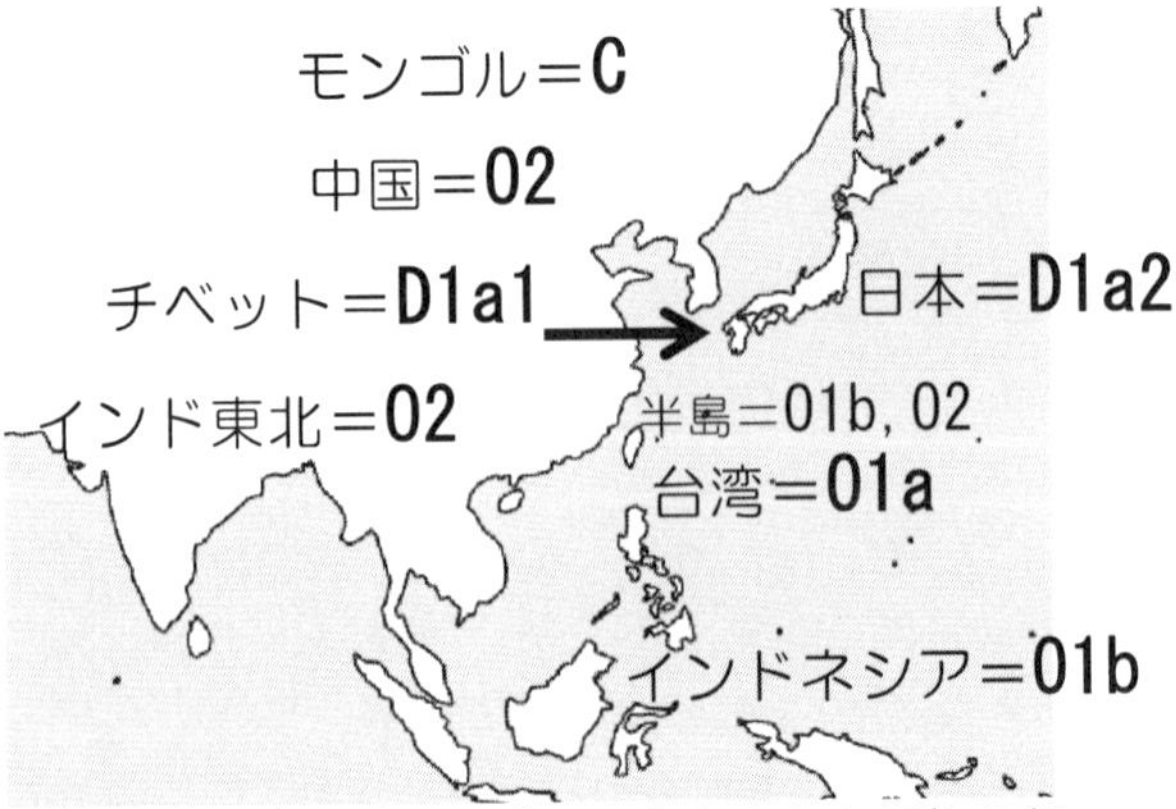

Y染色体ハプログループによる大まかな民族分類

そこには四万年前に分かれた日本人と同系のアジア人が暮らしていましたが、古代イスラエルの優れた文明を持つ来訪者は簡単に溶け込むことができました。

その百年後（紀元前七世紀）、新たな知識や技術を手に入れた同系アジア人がやはり長江《ちょうこう》を下って大勢で日本へやって来ました。この時、長江流域産の稲と水田による稲作が日本へ伝えられました。移民を率いた各族の長《おさ》たちは、母系遺伝子が複雑なので日本原住民（縄文人）と外見は異なりますが、父系遺伝子はとてもよく似ていました。移民たちは原住民と共存し同化しながら仲間を増やし、言語や遺伝子など様々な影響を受けた原住民から弥生人が次々と誕生しました。また、大陸に残った同系アジア人は、紀元前三世紀に秦《しん》国を建国しました。

移民たちが縄文人と共存できたのは、それぞれの中心人物が＊[5]同系民族であるのが幸いして気が（ウマが）合ったからでしょう。同様に、朝鮮半島南部に住んでいた縄文人も徐々に弥生人化していきました。

＊[4]日本人とチベット人の父系遺伝子の特徴は、ともにY染色体ハプログループDである。「D」は「DE」から分かれた型で、もう一方の「E」と（他の型にはない）唯一共通の塩基《えんき》配列《はいれつ》を持つ。「E」にはユダヤ人が含まれるため、東アジアへやって来たヘブライ人も遺伝子的に似通った民族であったと思われる。

＊[5]遺伝子的に同系統の民族と我々は、他の系統の中国大陸民や朝鮮半島民よりウマが合うかもしれない。

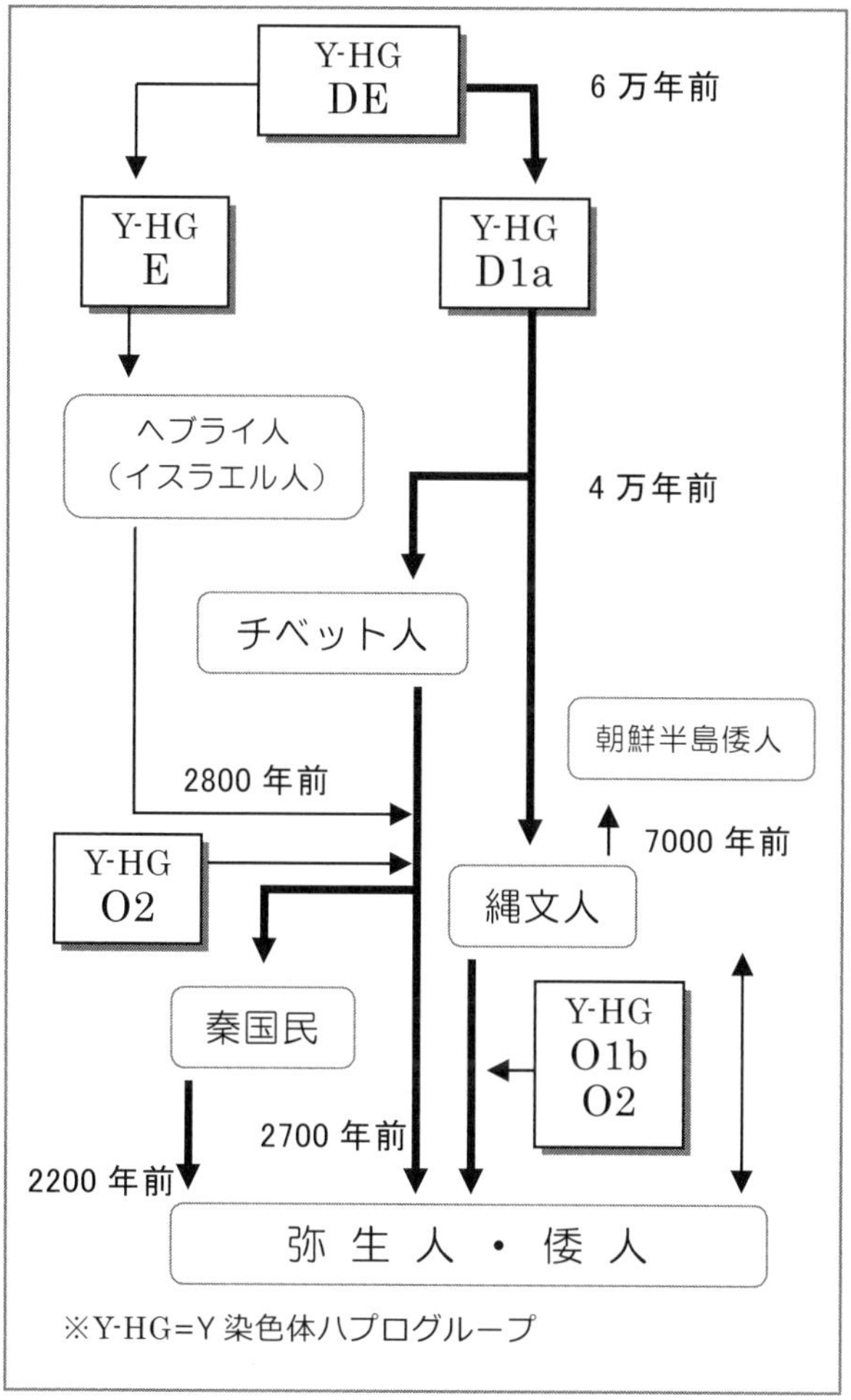
Y-HG
DE
6 万年前
Y-HG
E
Y-HG
D1a
ヘブライ人
（イスラエル人）
4 万年前
チベット人
朝鮮半島倭人
2800 年前
7000 年前
Y-HG
O2
縄文人
秦国民
Y-HG
O1b
O2
2700 年前
2200 年前
弥 生 人 ・ 倭 人
※Y-HG=Y 染色体ハプログループ

④言語による民族分類

弥生時代、日本の人々はどんな言葉を発していたのでしょう。日本舞踊に受け継がれる「舞《まい》」や「踊《おどり》」が言葉の地域差をなくすツールだったとも考えられますが、ある程度の共通語は存在したと思われます。これを前述の民族移動に鑑《かんが》みて、紀元前七世紀にヘブライ人の影響を受けたアジア人が大勢でやって来て、ヘブライ語をもとにした古代日本語を話す弥生人が誕生したと推測しました。

調べてみると、現代でもヘブライ語と日本語には共通点が多いとのことです。隣国については、韓国語は日本語の影響を強く受けているので比較できず、中国語と日本語は系統的な関連性がないことから、我々の祖先は漢民族の祖先とは別といえます。なお、チベット語も中国語との間に*6「いかなる類似性も存在しない」のだそうです。

*6ダライラマ法王日本代表部事務所ホームページ（以下、HP）http://www.tibethouse.jp/about/culture/language/ 最終閲覧日 二〇一九年六月七日より。

では、日本語とチベット語に共通点はあるのか。詳しいことはわかりませんが、かつて同じような言葉を話していた痕跡はあるようです。

古事記と日本書紀の登場人物や地名は、漢字や読み方が違います。これは、まだ文字がなかった時代に口頭伝承された神話や歴史を、後になって漢字を当てて記録したからです。土地によって訛《なま》りがひどく、編纂者《へんさんしゃ》の苦労は相当だったことでしょう。本書では大部分に古事記の当て字を引用しました。

第二章　大和国と邪馬台国は、どちらもヤマト国

「大和」と書いて「ヤマト」と読むのはなぜでしょう。前章で述べた、古代日本語の語源はヘブライ語という考えに基づき、弥生時代の様々な謎を読み解きます。ちなみに、第二章①〜⑦が本編のあらすじになります。

①紀元前六〇〇年代の話です。古代ヘブライ語を話すアジア人が九州北部に大勢で*[1]渡来しました（P21）。彼らの言葉が古代日本語のもととなり、彼らは自分たちのことを「ヤゥマット・イワレ・ビコ＝神の下《もと》の民・ユダヤ民族・初子《ういご》（次頁図）」と名乗ったと思われます。彼らが弥生人の始祖《しそ》となりました。ヤゥマット・イワレ・ビコたちは原住民と一緒に村を作り、原住民は徐々に弥生人と化して東へ拡大し、数百年かけて日本列島を弥生人の島に変えていきました。本書ではこれを最初の*[2]神武東征《じんむとうせい》とします。

＊[1]渡来しなかった同系民族のアジア人は、長江上流に残ってチベット族（羌《きょう》族、チャン族）になり、後に秦《しん》を建国した。

＊[2]初代神武天皇（カムヤマトイワレビコ）は実在しなかったことを前提とする。

②紀元前二一〇年頃、秦《しん》国の＊[3]徐福《じょふく》が始皇帝《しこうてい》の命を受けてやって来ました。徐福一行は九州北部に上陸し、東へ移動して纒向《まきむく》（奈良県桜井市）に落着くと、当時にしては近代的な村を作って徐福と同行者の大半が永住しました。

＊[3]徐福（司馬遷編纂『史記』に登場）の話

神倭伊波礼毗古命《カムヤマトイワレビコノミコト》

<ヘブライ語による解釈>

- カム kum = 現れる、立ち上がる
- ヤマト
  - ヤー yah = 神
  - ゥマット umato = 民
- イワレ ivri = ユダヤ民族
- ビコ bekhor = 初の子
- ミコト migad = 栄光

参考資料：中島尚彦　日本とユダヤのハーモニー http://www.historyjp.com/dictionary.asp 最終閲覧日２０１９年6月7日

は、日本各地に残る徐福伝説をもとに推測。徐福一行の一部は関東まで進出した。

また、九州北部の弥生人は、以前から朝鮮半島の馬韓《ばかん》（のちの百済《くだら》）と往来があったところに、徐福のおかげで＊[4]支那《しな》内陸部とも交流できるほどの知恵を授かりました。海外に進出することが多くなった弥生人は、自国のことを＊[5]ヤウマット・イ（ヤウマットイ）と紹介していたと思われます。

＊[4]古事記では「中国」を「なかつくに」と読み、高天原《たかあまのはら》と黄泉《よみ》の間、すなわち我々の住む地上を指す。よって、本書ではチャイナのことを「支那《しな》」と記述する。

＊[5]この頃には神≒太陽であり、ヤウマットを「日下《ひのもと》の民」と訳す。イはヘブライ語で「島」を意味する（中島尚彦　日本とユダヤのハーモニー、前頁ホームページアドレスを参照）。

③紀元前一五〇〇年頃、支那の前漢《ぜんかん》では『漢書《かんじょ》』に弥生人が登場します。

漢人「それにしても、お前たちは真面目だね」

弥生人（お辞儀をしながら両手を合わせて挨拶）

漢人「そんなに小さくかしこまるなら＊[6]『倭』という文字がピッタリだ」

ということで、漢書《かんじょ》、後漢書《ごかんじょ》、魏志倭人伝《ぎしわじんでん》等に、弥生人のことを「倭人」、倭人の国を「倭国」と記しました。

＊[6]弥生人が自らをワ（我）と名乗り、漢人が「倭」という字をあてたともいわれる。倭人の国だから「倭国」と記され、支那を訪れた弥生人が、例えば「ヤウマットイのナコク（奴国）」などと言っても漢の文書には「倭奴国」と記録したと思われる。

④漢王朝に滅ぼされた秦《しん》国民の多くは朝鮮半島南部に亡命し、一部は東シナ海を渡って九州北部に移住しました。紀元前六〇年頃、彼ら（旧秦国民）の中で筑紫《つくし》に住んでいた一人の天才男子が、瀬戸内海を東へ向かい纏向《まきむく》人

りしました（二度目の神武東征）。彼が初国《はつくに》知《し》らしし天皇と伝えられる崇神《すじん》天皇となり、紀元前三〇年頃、纒向に地方都市ヤウマットイ国（日下《ひのもと》の民の島国、いわゆるヤマト国）が誕生しました（第五章　其の二）。

⑤紀元後一二〇年頃、ヤウマットイ国は九州と同盟を結ぶためニニギ（迩々芸命、景行《けいこう》天皇に比定）を派遣します（天孫降臨《てんそんこうりん》）。南部の薩摩隼人《さつまはやと》は協力的で、数十年後、ニニギの孫のウガヤフキアエズ（鵜葺草葺不合命、仲哀《ちゅうあい》天皇に比定）の頃には、九州の多くの地域と同盟を結ぶことができましたが、熊曽《くまそ》（熊本県の一部）は抵抗し続けました（第七章　其の一）。

⑥紀元後二〇〇年頃、ウガヤフキアエズが急逝《きゅうせい》すると、妻のオキナガタラシヒメ（息長帯比売命）が女王となり九州一帯を治めました。彼女は神功《じんぐう》皇后と称され、魏志倭人伝に卑弥呼《ひみこ》と記される人物です（第七章　其の二）。

⑦紀元後二四〇年頃、魏の使者が九州一帯を治めるヒミコ（神功皇后に比定）の所へやって来ました。この時すでに、ヒミコは交易（朝貢）を通じて魏から倭国の女王（親魏倭王《しんぎわおう》）に認定されていました。

魏の使者「ここが倭国の都（首都）か、さすがに栄えているなぁ」

ヒミコ「いいえ、ここは国の一部（出張所）に過ぎません」

魏の使者「では、国の都はどこか？」

ヒミコ「日が昇る方角（畿内）にあります。そこは私の出身地です」

魏の使者「都の名は何だ？」

ヒミコ「ヤウマットイです」

魏の使者「*7邪馬台（ヤウマットイ）だな。しかし、親魏倭王はここ（筑紫《つくし》）にいるからなぁ。とりあえず、都の場所だけでも聞いておこう」

ヒミコ「では、ヤウマットイ（以下、ヤマトとする）と紛争相手の＊8投馬《とうま》（出雲）の場所を、距離はわからないので＊9所要日数のみお教えしましょう」という会話があったのではないでしょうか。

＊7広く知られている「邪馬台《やまたい》」は、正しくは「邪馬壱《やまい》」であるという意見も多い。

＊8投馬国は出雲国であるという説が多く存在する。現在、出雲と書いて標準語では「イズモ」と発音するが、出雲弁では「エヅモ」になる。これが、古代は「エトモ」（現在の松江市鹿島《かしま》町沿岸部）と発音していたともいわれ、ならば、それを聞いた魏の使者が「投馬」と書き記した可能性は十分にある。

＊9魏の使者の行程記述が、突如、投馬国と邪馬台国のみ距離から所要日数に替わっている。私は、倭人伝に書かれている「女王国」と「女王之所都」は別の場所を指し、使者は邪馬台国へ行っていないとした。そして、使者の出発地である帯方郡（朝鮮半島中西部）

から、それぞれ「南至投馬國　水行二十日」、「南至邪馬壹國　女王之所都　水行十日　陸行一月」と記されたのではなかろうか。

⑧その後、首都をちょこちょこ遷都《せんと》しながらヤマト王権が成熟するにつれ、日本列島全体を「倭国」と書いてヤマト国と読むようになりました。

　さらに、「せっかく大きな国にまとまったから、倭じゃなくて大倭にしよう」という提案により、「大倭」をヤマトと読むようになりました。

　その数百年後「倭という字は『小さくかしこまるヤツ』という意味があるから嫌だな。倭から和に改めよう」となり、それ以降「大和」と書いてヤマトと読むようになったと思われます。

⑨紀元後七世紀後半〜八世紀に、国の名前が「日本《ひのもと》」になったそうです（諸説あり）。唐では日本と書いて「ジッポン」と読み、唐を訪れる外国人に

「ジャパン、ジャポン」と発音され、その名が世界に広まったとされます。

本書の最大の特徴は、*10古事記の『上つ巻《うえつまき》』（神話の時代）と『中つ巻《なかつまき》』（神武《じんむ》天皇から応神《おうじん》天皇まで）の事柄が、縦列ではなく並列で進行する同時期の歴史と定義したところです。これは、もとは一つだった真の歴史から、天地の創成（国生み、島生み、神生み）や、神と地方有力者との繋がりを説く神話が創造され、天皇の御代と切り離して『上つ巻』が書かれたという持論によるものです。そして、出雲出身者ならではの気づきや視点を加味し古事記の深層にせまります。

次章から物語の舞台は出雲へ。

*10本書でいう古事記は、中村啓信訳注『新版古事記』（第二十版 株式会社KADOKAWA 平成二十九年）を底本とした。

第三章　出雲のあけぼの

弥生時代　前〜中期

支那は前漢の時代、倭国本土にスサノオがやって来た

日本の神話に登場する神の中で、多くの人が知っている最初のヒーローは*1スサノオ（須佐之男命）かもしれません。古事記によれば、ヤマタノオロチを退治してクシナダヒメ（櫛名田比売）と結婚したとされます。その時スサノオは日本初の和歌を詠《よ》み、その地に日本初の神社「須我《すが》神社」が建ちました。

ここから、スサノオとその子孫および本家（*2スガ氏）の活躍が始まります。

*1スサノオの名は、スガ（スサ）の男々《おお》（雄々）、あるいはスガ王に由来すると考えている。

＊2 進行上便宜的《べんぎてき》に（後の展開を勘案して）黎明期《れいめいき》から「〇〇氏」を使う。

①紀元前二〇〇年頃、朝鮮半島には日本人（倭人）を王とした「辰韓《しんかん》」、九州北部との往来が盛んだった「馬韓《ばかん》」、倭国の一部とみなされる「弁韓《べんかん》」の三国がありました。

秦《しん》国が漢王朝に滅ぼされると、旧秦国民は朝鮮半島南部の辰韓まで逃げて、生き延びるため辰韓民に養蚕《ようさん》や織物《おりもの》を教えました。

一方、馬韓は優れた航海技術を持って周辺国と交流しており、文化・産業面で辰韓より発展していました。また、以前から馬韓

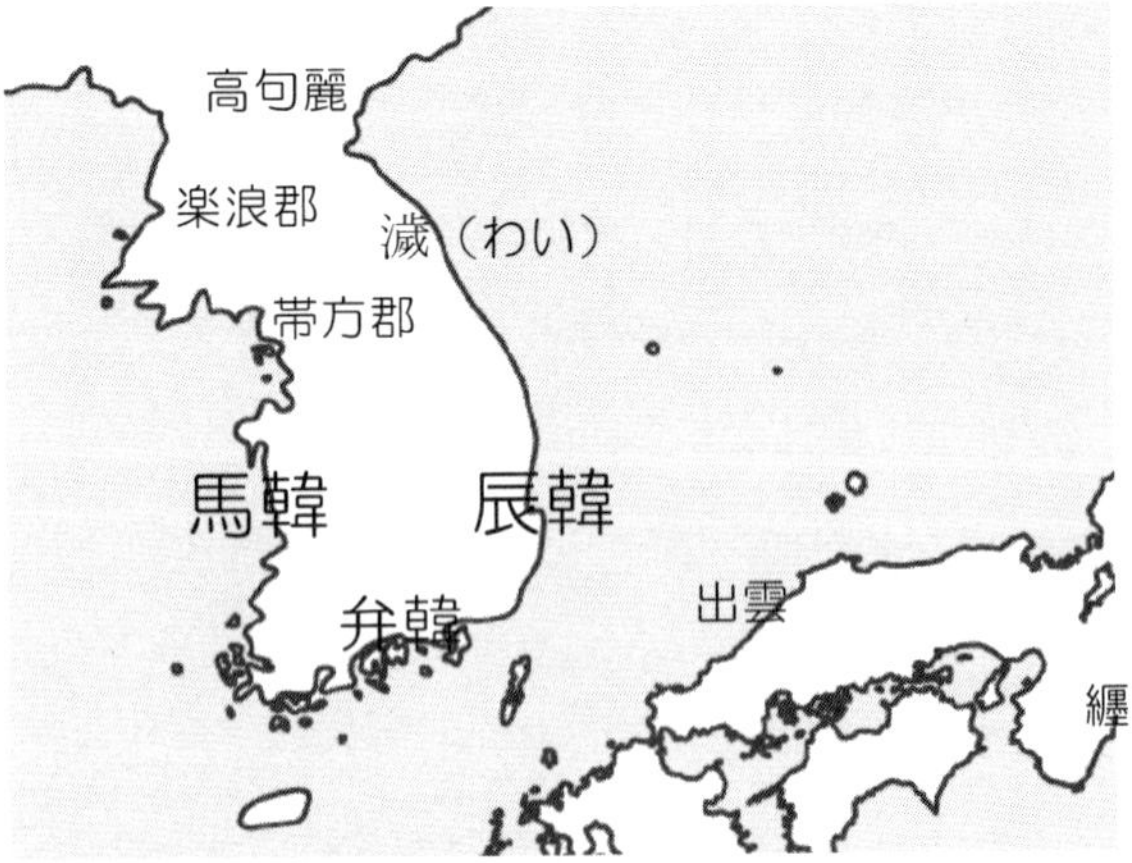

紀元前200年頃の朝鮮半島

民は馬を連れて倭国へ渡来し、得意の騎馬戦で勢力を拡大して本州各地に「馬韓系豪族」を誕生させていました。ちなみに、現在の韓国人の祖先は、当時辰韓と高句麗《こうくり》の間で暮らしていた「濊族《わいぞく》」といわれています。

②紀元前一五〇年頃、倭人を王とする辰韓は徐々に旧秦国民に乗っ取られようとしていました。そこで、辰韓の王家であるスガ氏の王子が、戦力増強の目的で倭国本土（出雲）へ渡りました。これがスサノオです。スサノオは、出雲の民に鉄や銅の加工技術などを伝え、いきなりカリスマ的存在になりました。さらに、近隣の馬韓系豪族を仲間に取り込み、毎年のように出雲を襲う北陸地方の越人《こし》（いわゆる*3ヤマタノオロチ）を撃退して勢力を拡大し、軍隊を組織して朝鮮出兵の準備を整えました。

*3オロチの「オロ」は方言（現代に例えると広島はジャロ、名古屋はミャア、大阪はヤ

ロ）、「チ」は人《じん》。あるいは、オロチ＝北方民族（オロチョン）ではなかろうか。ヤマタノオロチ（高志之八俣遠呂智《こしのやまたのおろち》）は「越《こし》の大勢のオロ人（族）」を意味すると思われる。

スサノオは、朝鮮出兵を繰り返しましたが、なかなか旧秦国民を手なずけることができません。実際は、武力による攻撃ではなく、

「我々スガ王家を怒らせるとこわいぞ！」と脅しに行っていたのでしょう。辰韓の旧秦国民は王家と戦争する気はなく、スサノオの脅しに対して、

「まあまあ、そんなに怒らなくても」と、上手にかわしていたのかもしれません。

スサノオは、朝鮮出兵と同時に、纏向《まきむく》にも出向

スサノオ

【出身】辰韓
【活躍年】
紀元前 150-前 120 年
【主な業績】
倭国に鉄や銅の加工技術を伝え、出雲国を建国

似顔絵は「似顔絵イラストメーカー」で制作
http://illustmaker.abi-station.com/

いていました。なぜなら、纒向は少し前に秦の始皇帝の遣いでやってきた徐福《じょふく》の村で、中心人物は旧秦国民だからです（P27）。纒向を味方につけようと様々な政治的取引をしていたと思われますが、なんと、スサノオは近畿地方で亡くなってしまいました。そして、スサノオの朝鮮出兵が途切れるとスガ王家の力は弱まり、辰韓は旧秦国民の手に落ちました。

纒向の幹部は「スサノオさん呪ったらアカンよ。成仏しなはれ」と、スサノオの御霊《みたま》を熊野《くまの》（紀伊半島）で祀《まつ》り、出雲でも熊野（松江市）で祀られました。

纒向にとってスサノオの存在はかなりの脅威だったことでしょう。その後数百年にわたって、スサノオの子孫や本家*4スガ氏の血統が各所で力を持ち、纒向に強い影響を与え続けることになります。

＊4大化の改新（乙巳《いっし》の変）で有名な「蘇我氏《そが》」の先祖は、スサノオの出自である辰韓王家（スガ氏）が日本へ帰化した一族と考えている（Ｐ87）。

③出雲と鉄の結びつき

世界的に、人類は紀元前七千年頃から金属加工をしていたそうです。まず金銀、続いて銅、その後が鉄。銅は、初期は銅山から掘り出した自然銅を叩いて加工していました。紀元前千五百〜千二百年に支那で銅の鋳造《ちゅうぞう》技術が発達して青銅（銅とスズの合金）が作られ、その技術の応用で、より難度の高い鉄（鋳鉄《ちゅうてつ》）の鋳造が可能になったとされます。鉄は炭素と結びつく割合が増えると硬くなる反面、粘りが弱く折れやすくなるという繊細な面を持つのだそうです。（参考文献：田口勇 鉄と銅の歴史と化学 化学と教育 四十巻一号 一九九二年）

出雲国では、スサノオ時代（紀元前二世紀）に鉄の鍛造《たんぞう》（鉄を叩いて加工）が始まったと思われます。その後、出雲国は海外との交易によって青銅器生産の中心地になりました。紀元後三世紀にヤマト王権の配下になると、五世紀頃には得意の青銅鋳造技術を応用した「*[5]たたら製鉄」が始まり、六～七世紀からは製鉄業で栄えました。製鉄は大量の木炭が必要なため山間部で行われ、当時、出雲地方で作られた鉄の量や品質は国産最高レベルでした。その後全国で製鉄が行われるようになりましたが、江戸～明治時代になっても、国内の鉄生産量の半分以上が出雲地方で生産されたそうです。

*[5]旧来、ヤマタノオロチの正体に「たたら製鉄／鉄穴《かんな》流し／斐伊川の氾濫」を取り上げて論じられることが多いが、鉄の歴史から見て神話とは年代が合わないと考えている。

第四章　出雲王国の誕生　弥生時代　中期

歴代出雲国王と妻子の名前は、『古事記』に記述される須佐之男命の系譜、および大国主神の系譜をご参照ください。

其の一　出雲とヤマトをつなぐキーマン迩芸速日命《にぎはやひ》

スサノオが亡くなって出雲国は……。

①出雲国の青銅器景気

紀元前一二〇年頃、スサノオとクシナダヒメの子のヤシマジヌミ（八嶋士奴美神）が出雲国の首長《しゅちょう》となり、日本海側の中心人物になりました。ヤシマジヌミは、朝鮮半島の辰韓《しんかん》を乗っ取った旧秦国民に対して、武力を行使せず様々な交流を進めました。そして、出雲に本格的な祈祷《きとう》を取り入れようと、辰韓からアメノホヒ（天菩比神）に来てもらいました。アメノホヒは後世になって出雲国造《いずもこくそう》（または、いずものくにのみやつこ）の始祖に位置付けられました。

朝鮮半島との交易によって大量の鉄や銅（青銅）を手に入れた出雲国は、これを資本に周辺地域を取り込み、猛スピードで拡大し続けました（青銅器景気）。

②紀元前八〇年頃、重要なキーマンが登場、ニギハヤヒ（迩芸速日命、

弥生時代中期の出雲国王と妻

紀元前 150〜前 120 年

大王 スサノオ ― クシナダヒメ、カムオオイチヒメ

前 120〜前 60 年

王 1 ヤシマジヌミ ― コノハナチルヒメ

王 2 フハノモジクヌスヌ ― ヒカワヒメ

王 3 フカフチノミズヤレハナ― アメノツドヘチネ

前 60〜前 30 年

王 4 オミヅヌ ― タキリビメ 別名フテミミ

前 30〜西暦元年

王 5 アメノフユキヌ ―サシクニワカヒメ

西暦元〜30 年

初代大国主 オオナムヂ　注）各年代は本書による

別名は*1大年《おおとし》神または大物主《おおものぬし》神）です。古事記には、大年神（ニギハヤヒ）はスサノオとカムオオイチヒメ（神大市比売）の子と記述されていますが、年代的にはスサノオの孫世代でしょう。ニギハヤヒはかなりの切れ者で大変優れた人格の持ち主でした。そして、

「祖父（スサノオ）は途中で死んでしまったけど、代わりに俺が畿内をまとめてきます」

と纏向《まきむく》へ行きました。

纏向で、旧秦国民徐福《じょふく》系の葛城《かつらぎ》氏に、

「これからは出雲の時代です。いずれこの辺りも出雲の一部になるでしょう。それに先駆

ニギハヤヒ①

【出身】出雲国

【活躍年】

紀元前 80-前 30 年

【主な業績】

纏向に移住して、ヤマト国建国を助けた

似顔絵は「似顔絵イラ

http://illustmaker.abi-station.com/

けて、各地との交渉が穏便に進むようご協力ください」と、自分が纒向に住むこと（人質《ひとじち》）を条件に葛城氏の協力を得ました。さっそく畿内をまとめ上げ、さらに馬韓《ばかん》との関係も深めて出雲国の辰韓奪回を有利に導きました。移住後のニギハヤヒは、葛城氏や周囲の地元民（最大勢力は*2馬韓系豪族、のちの物部氏《もののべ》）と仲良く過ごし、纒向でかなりの人気者になって権力も手に入れました。

*1ニギハヤヒはとても長生きだったので大年神といわれたのであろう。死後、ニギハヤヒは物部氏の祖神になった。

*2この頃、倭国在住の馬韓系住民は旧秦国民と仲良くしていたが、漢王朝と交流していた母国の馬韓では、敗戦国の旧秦国民を冷遇していたと思われる。

其の二　出雲で＊3「国引《くにび》き」神話

紀元前六〇年頃の話です。　＊3国引き神話は『出雲国風土記』に記述。

①第四代出雲国王のオミヅヌ（淤美豆奴神、八束水臣津野命）が、ついに辰韓《しんかん》を旧秦国民から奪い返し、辰韓再興のため但馬《たじま》あたりに住む親族の＊4瓠公《ここう》を派遣しました。スガ氏が再び王となった辰韓奪回劇は、当時大ニュースだったと思われます。　＊4三国史記新羅本紀を元に推測。

そして、オミヅヌは辰韓の＊5タキリビメ（多紀理毗売命に比定、別名フテミミ）を妻にしました。タキリビメ（フテミミ）は

オミヅヌ

【出身】出雲国
【活躍年】
紀元前60-前30年
【主な業績】
「国引き」により環日本海連合を結成した

似顔絵は「似顔絵イラストメーカー」で制作
http://illustmaker.abi-station.com/

朝鮮半島南部の安羅伽耶《あらかや》出身の巫女と考えられ、多伎《たき》・荒茅《あらかや》・荒木《あらき》（出雲市西部）に住んで祈祷《きとう》や占い、機織《はたおり》の仕事をしながら、子育てもしっかりとやりました。

さらにオミヅヌは、意宇《おう》（松江市）を拠点に出雲国を越国《こし》（北陸〜越後）まで含めた巨大連合国に成長させました。越国から多くの移住者を迎え入れ、新潟県糸魚川《いといがわ》の翡翠《ひすい》（鉄より硬い）を材料にした勾玉《まがたま》が出雲でも作られ始めました。なお、オミヅヌが国土を広げた「国引き」神話は、古事記

紀元前60年頃 出雲国の一部（島根県東部）Ｉ

ではなく出雲国風土記に書かれています。神話といっても全くの作り話ではないと思われます。個人的にはオミヅヌを「初代大国主《おおくにぬし》神」としても良いと考えていますが、古事記に「大国主」の名が出てくるのはもう少し後になります。

＊5 オミヅヌとフテミミは、古事記には名前のみ登場。古事記編纂時にオミヅヌと大国主が混同されたと仮定し、大国主の妻といわれるタキリビメがフテミミであるとした。また、大国主は個人の名前ではなく称号と考えている。

②紀元前三〇年頃、オミヅヌの後を継いだアメノフユキヌ（天之冬衣神、以下フユキヌ）が出雲王国の王となり、日本海側の地域だけでなく、辰韓《しんかん》（朝鮮半島）、畿内各地（次章で述べるが、この頃にはヤマト国が誕生している）への支配を強め、「環日本海連合　出雲王国」

を確固たるものにしました。支配といっても「（工業・農業など）みんなで一緒にやろう」といった感じで、争いのない同盟関係だったと思われます。

出雲と越《こし》（北陸～越後）は、共同で翡翠《ひすい》の勾玉《まがたま》（大変貴重な宝石）の生産体制を強化し、さらに北陸地方特産の漆器の生産量も格段に増えました。それらを使って、出雲王国はますます大量の鉄や青銅を半島経由で輸入できたはずです。鉄は鍛冶加工され、青銅は鋳造《ちゅうぞう》されてピカピカの青銅になり、出雲型銅剣《どうけん》・銅矛《どうほこ》・銅鐸《どうたく》が大量に製造されました。加工された鉄器や青銅器は、周辺国（あるいは豪族）との間であらゆる品と物々交換できるので、出雲王国は筑紫や畿内に比べてははるかに豊かな資本を持って成り立っていたことでしょう。

ただし、朝鮮半島の辰韓は、倭人の王家（スガ氏）が治めていたものの相変わらず旧秦国民の影響力は大きく、また、北に住む濊族《わいぞく》が時々南下してくるので国として安定していませんでした。フユキヌは、辰韓を保護しつつ隣の馬韓《ばかん》や楽浪郡《らくろうぐん》（漢王朝の一部、現在の平壌市）とも積極的に*6交易しました。

*6出雲と朝鮮半島の往来について、辰韓へは沖ノ島（二〇一七年世界遺産登録）を目印に、馬韓や楽浪郡へは対馬《つしま》・壱岐《いき》を経由して航海していた。壱岐にある弥生時代の遺跡からは、楽浪郡と出雲の物が一緒に出土している。また、朝鮮半島から出土した翡翠勾玉は新潟県糸魚川産と証明されている。

鉄と銅は、紀元前三〇〇年代前半には、日本へほぼ同時に伝来していたことがわかっている。日本で出土した青銅器のうち、古墳時代までの物は中国華南産が大半を占めている。日本産の銅は六六〇年、中大兄皇子《なかのおおえのおうじ》（第三十八代天智《てんち》天皇）の「水時計」に使われた銅管が最古。（参考文献：田口勇　鉄と銅の歴史と化学　化学と教育　四十巻一号　一九九二年）

其の三　「神在月《かみありづき》」のはじまり

紀元前後の頃、毎年農閑期《のうかんき》になると出雲王国傘下の首長《しゅちょう》が出雲に集まるようになりました。彼らの目的は、土木工事、青銅器の鋳造《ちゅうぞう》、鉄加工（鍛冶）、勾玉工芸など最先端の技術を出雲で習得することです。

一年ぶりに顔を合わせた首長たちは、夜になると酒を飲みながら、

首長Ａ「今年の農作物の出来はどうじゃった？」

首長Ｂ「雨が少なくて水が足らんけぇアカンかったわ」

など意見交換し、銅剣《どうけん》や銅鐸《どうたく》をカンカン鳴らしたお祭りが行われたことでしょう。これが、出雲地方で十月を「神在月《かみありづき》」と言うようになった理由と考えます。平成三十年は十一月十七日(旧暦十月十日)、出雲に全国から八百万《やおよろず》の神々がおいでになりました。神様の宿泊場所は出雲大社本殿の東西にある十九社《じゅうくしゃ》です。一年のうち、旧暦の十月十日から一週間だけ終日扉が開かれます。

東十九社

ここで古代出雲の象徴的遺跡ともいえる「四隅突出型墳丘墓《よすみとっしゅつがたふんきゅうぼ》」について仮説を述べます。

出雲国では、弥生時代中期後半、古墳時代より約二百年前から本格的な古墳（四隅突出型墳丘墓）が作られていました。山陰各地で次々と作られるようになるのは、フユキヌの次に出雲国王となった大国主《おおくにぬし》の時代ですが、それに先駆けて灌漑《かんがい》（農地

四隅突出型墳丘墓のジオラマ
（出雲弥生の森博物館所蔵、出雲市の許可を得て掲載）

に水を引く）工事によって生じた大量の土石を使った四角い舞台作りが、フユキヌの時代に始まったと考えています。出来上がったばかりで大型のものは儀式やお祭り、八百万の神（全国から集まった首長）をもてなす舞台になりました。さらに、平地の舞台は川が氾濫した時の緊急避難場所でもありました。

舞台作りは、まず板で四角く囲った内側に土石を運び入れ積んでいきます。角のところは入口または出口です。高く積みあがってくると、出入り口には自然とスロープができます。最後に囲みの板を外して、盛土《もりど》の周囲およびスロープに石を敷き詰めたら完成です。舞台は、灌漑工事が行われた平地や付近の高台に次々と作られ、それを指揮した指導者や王家に死者が出ると、感謝の意を込めて舞台に埋葬され墳丘墓になったと思われます。

それから百数十年後の二世紀後半、西日本各地で戦争が始まりました。軍事防衛的な意味から、平地にあった集落は*7高台（高地性集落）へ移行し（Ｐ96）、現代に遺跡として扱われるような四角い舞台は平地から徐々に姿を消していきました。

*7高地性集落になった頃には、特に小型の四隅突出型墳丘墓は、灌漑工事の賜物《たまもの》というより最初から墓として作られたと思われる。また、大型の四角い舞台は、いずれ墓として利用するつもりで周到に設計され、建造されたのであろう。

其の四　阿太加夜《あだかや》神社のタキキヒメ

「国引《くにび》き」を行ったオミヅヌは、タキリビメ（フテミミ）との間に＊8タキキヒメ（阿太加夜奴志多岐喜比賣命《あだかやぬしたききひめ》、タカヒメおよびシタテルヒメに比定）という女の子を授かりました。成長した彼女は才色兼備で、母親から教わった祈祷術《きとうじゅつ》や機織《はたおり》の技術がすばらしく、多伎《たき》・荒茅《あらかや》・荒木《あらき》（出雲市）から意宇《おう》（松江市）に移住して父をサポートし、姫様として広く庶民に慕われました。

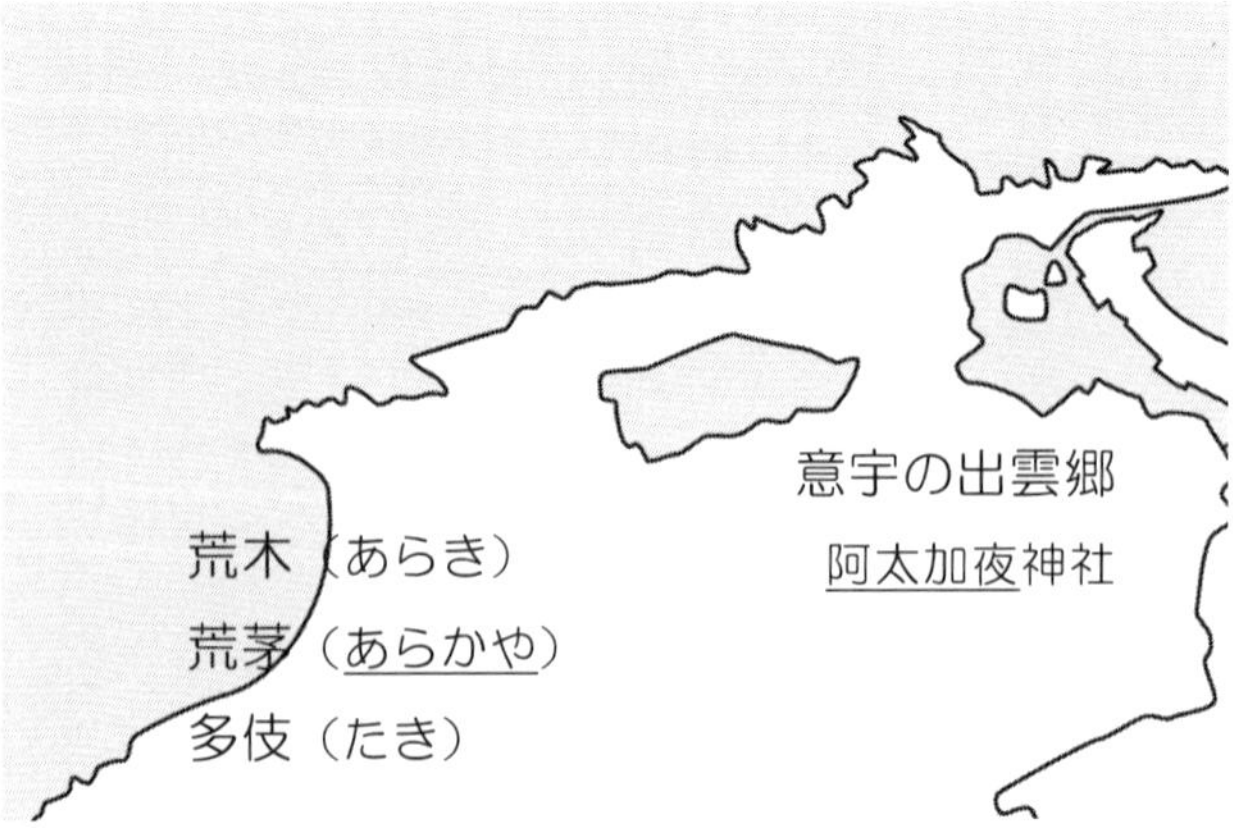

紀元前60年頃　出雲国の一部（島根県東部）Ⅱ

彼女を祀《まつ》る「*9阿太加夜神社」では、十数年に一度、日本三大舟神事のホーランエンヤが開催されます（祭りの始まりは十七世紀）。

タキキヒメは、最終的に鳥取県中部まで出向いて住民に機織などを教えました。湯梨浜町《ゆりはま》（鳥取県東伯郡）の倭文《しとり》神社にはシタテルヒメ（下光比売命、下照比売命）の名で祀られています。一般庶民を明るく照らす姫様なんて、最後まで才色兼備！


*8古事記に登場するタカヒメおよびシタテルヒメは、タキキヒメであると推測。

*9「阿太加夜《あだかや》神社」の所在地は、（旧）八束郡東出雲町出雲郷。出雲郷と書いて「あだかえ」と読む。タキキヒメの出生地と同じ「あらかや」と呼んでいたのが「あだかや」または「あだかえ」になったと思われる。「〜や」と「〜え」は、出雲弁で発音すれば同じように聞こえるので、どちらでも良い。

第五章　ヤマト国誕生秘話　弥生時代　中期

其の一　熊野で「八咫烏《やたがらす》」神話

再び紀元前六〇年頃の話です。オミヅヌとタキリビメ（フテミミ）の間に生まれた子の中に、かなりの傾奇者《かぶきもの》がいました。名を*1カモタケツノミ（賀茂健角身命、タキキヒメの兄、別名アジスキタカヒコネ、迦毛《かもの》大御神）といいます。カモタケツノミ（以下ツノミ）は、自分が変わり者だから出雲国王を継承できないと知って、もしくは継ぐ意思がないので、現在の雲南《うんなん》市*2加茂《かも》町にいた賀茂《かも》氏を連れて熊野へ行きました。

*1カモタケツノミとアジスキタカヒコネは、古事記にアジスキタカヒコネが迦毛大、御神、（普通の神ではなく大御神）と書かれており、同一人物とした。

＊2加茂町といえば、加茂岩倉《かもいわくら》遺跡。一か所から出土した銅鐸《どうたく》の数は全国最多（出土した銅鐸は国宝に指定）。近くには荒神谷《こうじんだに》遺跡があり、古代における出雲国の力が絶大だったことを証明している。

ツノミはなぜ熊野へ行ったのか？一つは、熊野に偉大な先祖のスサノオが祀られていること、もう一つは、纒向《まきむく》の中心人物が出雲国のニギハヤヒ（大年《おおとし》神、大物主《おおものぬし》神）だったことが考えられます。

ツノミがあまりにも傾《かぶ》くので、

母タキリ「あんた熊野に行って修行してきなさい。それと、ニギハヤヒおじさんに

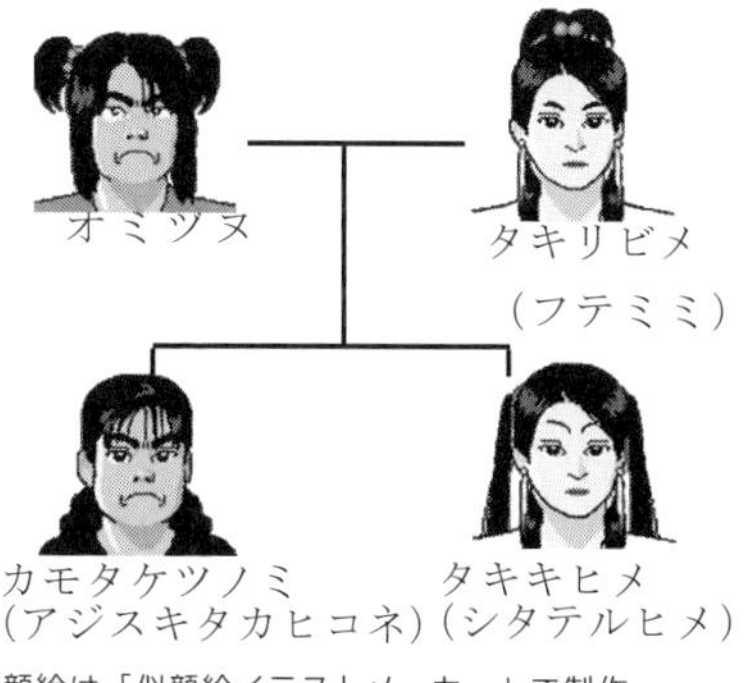

似顔絵は「似顔絵イラストメーカー」で制作
http://illustmaker.abi-station.com/ 朝鮮

よろしく伝えてね」とでも言ったのでしょう。

ツノミ達（賀茂氏）は、纒向へ挨拶に行ったあと、熊野の山奥で修行をしながらスサノオ信仰の聖地を守ることになりました。ツノミ達は黒装束で、木から木へ飛び移り忍者のような軍団であったことから「八咫烏《やたがらす》」と呼ばれていたと思います。第十代崇神《すじん》天皇の纒向入り（次頁、二度目の神武東征《じんむとうせい》）を手伝ったあと、山城国《やましろ》（京都）へ移り住みました。

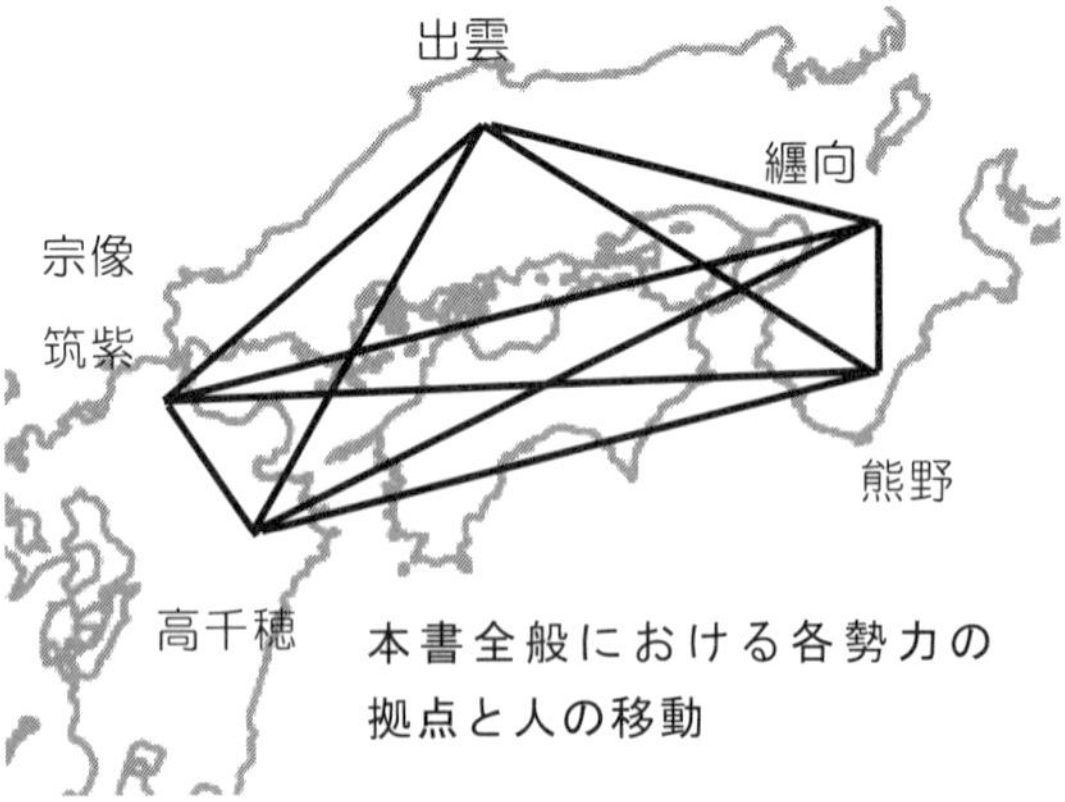

本書全般における各勢力の拠点と人の移動

其の二　二度目の＊3神武東征《じんむとうせい》（一度目はＰ26）

＊3崇神天皇が東征。

第十代崇神《すじん》天皇と初代神武《じんむ》天皇は同一とする説があります。私もその説に乗って述べます。まずは、崇神天皇が誕生する少し前の話から。

①紀元前二〇六年に秦《しん》国が滅びると、旧秦国民は漢人に追われました。古来、支那《しな》大陸では王朝が代わると前権力者に対する弾圧が凄まじく、多くの旧秦国民が政治難民になったと思われます。難民の多くは朝鮮半島南部へ、船で移動できるグループは長江《ちょうこう》を下って東シナ海を渡り、九州北部へたどり着きました。そして、筑紫の吉野ヶ里（佐賀県）に村を作って住み始めました。これが秦（はた）氏の始まりです。旧秦国民が倭国の先住民と仲良く暮らすことができたのは、彼らが高い技術や知識を持っていただけでなく、先住民と同系統の遺伝子を持ち、

よく似た言葉を話していたからだと推測します（第一章を参照）。
②紀元前六〇年頃、吉野ヶ里で、秦《はた》氏の中からミマキイリビコ（御真木入日子印恵命）という一人のヒーローが現れました。何をやったのかわかりませんが、とにかくすごい人だったのでしょう。噂をききつけた纏向《まきむく》の葛城《かつらぎ》氏（徐福《じょふく》系の子孫）は、「こっちで一緒に国造りをしよう」と招待しました。ミマキイリビコという名は「御纒《みまき》（向）入《い》り子」のことともいわれます。

ミマキイリビコは纒向を目指して瀬戸内海を東へ進み、大阪湾から現在の東大阪

ミマキイリビコ
（第十代崇神天皇）

【出身】吉野ヶ里
【活躍年】
紀元前 30-西暦元年
【主な業績】
纒向入り（二度目の神武東征）してヤマト国を建国した

似顔絵は「似顔絵イラストメーカー」で制作
http://illustmaker.abi-station.com/

市あたりに上陸しようとした時、地元の豪族（ナガスネビコ）に襲われて先に進むことができませんでした。仕方がないので、一行は南から紀伊半島をぐるっとまわって伊勢側から上陸し、大変厳しい山越えを強いられました。それを助けたのが熊野で修行していたツノミです。ツノミは纒向の幹部から依頼を受けていたのです。途中色々ありましたが、ミマキイリビコは無事に纒向へたどり着くことができました。

③ヤマト国の誕生

ミマキイリビコは抜群の才能（もはや鬼才）を発揮し、ニギハヤヒと葛城氏の協力のもとで国造りを進めました。近隣各地に官僚を派遣し、住民には法律のようなものを守らせ、税（狩猟の獲物や手織りの布など）を徴収しました。ミマキイリビコは自ら天皇（＊4第十代崇神《すじん》天皇）になり、祈祷《きとう》を行って「私が最も神（お天道様《てんとさま》）に近い存在だ！」と威厳を示したことでしょう。時は紀元前三〇年頃、纒向に初めて天皇を中心とした国（地方都市）が誕生しました。

天皇の側近「さて、国の名前は何としましょうか？」

崇神天皇「[*5]吉野ケ里では、はるか昔から、われわれ日下《ひのもと》の民（お天道様に守られた民族）が暮らしている列島全体をヤマトと言っていたから、その名をいただこう」ということで、纒向周辺が「ヤマト国」になったと思われます。

この時、環日本海連合の出雲王国から介入されることなく建国できたのは、天皇即位の証《あか》しにスサノオの剣（天叢雲剣）と出雲勾玉を未来永劫伝承すると誓い、ニギハヤヒが出雲に伝えたからだと考えます。

＊[4]第十代崇神天皇は「初国知《はつくにし》らしし天皇」とも云われ、崇神天皇と初代神武天皇は同一であるという意見が学者の中にも多く存在する。また、一般的に第二代～第九代天皇は実在しない（欠史《けっし》八代）とされる。

＊[5]吉野ヶ里で、はるか昔から自国のことを「ヤマト（ヤゥマットイ）」と言ったというのは自説である（第二章を参照）。

④そういえばニギハヤヒ（大年神《おおとし》、大物主神《おおものぬし》）って……

ニギハヤヒは、二十代で出雲国から纏向に移住して畿内をまとめ上げ、纏向の御意見番になっていました。大変な有名人で、「あの人には敵《かな》わないなぁ」と誰もが思う人格者でした。実は、ニギハヤヒは理想的な国（政治）のあり方を模索し続け、何十年も前から纏向で新たな国造りの準備をしていたのです。

ようやく彼が七十歳の頃、新しい国のリーダーとして相応しい若者（ミマキイリビコ）が吉野ヶ里からやって来ました。そして、天皇（ミマキイリビコ）を中心としたヤマト国の建国を補佐し、長年の思いを実現させました。程なくしてニギハヤヒは亡くなり、ヤマト国で人神《ひとがみ》様になって、天皇はじめ住民から祀《まつ》られました。さらに、住民の中でも特に力を持っていた物部《もののべ》氏（馬韓系）の祖神（神として祀る祖先）になりました。

ちなみに、ニギハヤヒの別名や諡《おくりな》（死後、徳をたたえて贈られる称号）には頭に

ニギハヤヒ②

【御寿命】70 歳
別名
・大年神
・大物主神
亡くなってから物部氏の祖神になった

似顔絵は「似顔絵イラストメーカー」で制作
http://illustmaker.abi-station.com/

「＊6天照」が付きます。きっと太陽のような人物だったのでしょう。この意味は深いものがあります。

＊6日本人全ての氏神様《うじがみ》と言っても過言ではない天照大御神《あまてらすおおみかみ》は、現在当然のように女神とされているが、もともとは男神のニギハヤヒ（大年神、大物主神）だったかもしれない。

従来、倭人が祈りの対象としていたのは、天、島、山、川、海などの自然神と子孫繁栄（男女の局部の形をした岩など）で、特に重要な神が太陽でした。太陽に向かって、

「今年もお米が沢山とれますように」なんて可愛らしい祈りではなく、

「みんな真面目に働きますので、どうかお怒り（＝悪天候や自然災害）になりませんようお願い申し上げます、かしこみ〜かしこみ〜」

といった具合に真剣に祈りました。やがて祭壇に太陽を模した銅鏡等を御神体として祀るようになり、架空の神に容姿・意思を持たせた人格神《じんかくしん》、実在の人物を神として崇《あが》める人神《ひとがみ》も祈りの対象になりました。

*7神殿は、貴重な食糧を蓄えるための高床式倉庫を豪華にした建物や、権力者の館《やかた》（王宮）が原型と考えられています。

*7全国各地にある神社の御本殿の建築様式は、伊勢神宮「神明造《しんめいづくり》」と出雲大社「大社造《たいしゃづくり》」が原点とされている。纏向では、両様式の建物が並んで建っていたことが発掘により明らかになった。

高床式倉庫
（妻木晩田遺跡にて著者撮影）

神明造（しんめいづくり）

出入口は棟と並行の側にある「平入（ひらいり）」

外観は左右対称で直線的

A. Fujihara

大社造（たいしゃづくり）

出入口は切妻屋根の妻側にある「妻入（つまいり）」

屋根は曲線的、内部はほぼ正方形

⑤第十一代垂仁《すいにん》天皇は出雲嫌い

紀元前後、第十代崇神《すじん》天皇を継いで第十一代垂仁《すいにん》天皇が即位しました（出雲国王はフユキヌの時代）。実は、垂仁天皇は出雲が嫌いで、ニギハヤヒの死後、すっかりニギハヤヒ（大年神、大物主神）信仰にはまった住民（中心に物部《もののべ》氏）にもうんざりしていました。

垂仁天皇「ニギハヤヒ様は亡くなられたことだし、もう出雲の言うことを聞かなくてもいいんじゃない？」と周囲に漏《も》らしていると…

それを聞きつけた出雲王国の幹部の一人で、剛腕無双の男がヤマト国にやって来ました。その男の名は*8野見宿禰《のみのすくね》。

野見宿禰「ここで一番強いヤツは誰だ。オレと勝負しよう！」

と、垂仁天皇の目の前で相撲を取り、圧倒的な力で相手を倒しました。そして、しばらくこの地で天皇とヤマト国の動きを監視することにしました。

野見宿禰《のみのすくね》とは、

◆相撲取りの始祖

◆代々出雲王を補佐している家柄で第十三代出雲国造《いずもこくそう》（現出雲大社宮司の千家尊祐《せんけたかまさ》氏は第八十四代出雲国造）

◆菅原道真の先祖でもある

◆初代（神代《じんだい》）はアメノホヒ（P42）

◆埴輪《はにわ》の提唱者で、天皇家の葬儀も司《つかさど》った

＊8 野見宿禰は、古事記に記述はなく日本書紀に登場する。

垂仁《すいにん》天皇は本意ではないものの、地元民の反乱が恐いし、山城《やましろ》の賀茂《かも》氏（ツノミの氏族、出雲系）には頭が上がらないし、補佐役の葛城《かつらぎ》氏の助言もあって、とりあえず出雲に同調することにしました。以後、秦《はた》氏と葛城氏は出雲打倒の日を*9百五十年近く待つことになります。

*9垂仁天皇崩御後二百年の間に、ヤマト国では葛城氏系や出雲系の天皇も誕生した。

⑥アメノヒボコ来日

スサノオの出自《しゅつじ》である辰韓王家（スガ氏）は、出雲王国にしてみれば親戚です。ある時、辰韓王家の王子と名乗るアメノヒボコ（天之日矛、以下ヒボコ）が辰韓からやって来ました。ひょっとしたら、ヒボコは旧秦国民や濊《わい》族の影響で居心地が悪い辰韓に見切りをつけ、人生再出発のために渡来したのかもしれません。彼はどこへ行っても、ヒボコ「私はスガの王子です」と言い、勾玉《まがたま》のような証拠を見せると、各地の首長「おお！　これはこれは、ようこそおいで下さった」と歓迎されたことでしょう。ヒボコは出雲王国（第五代出雲国王フユキヌ）とヤマト国（第十一代垂仁天皇）を訪れたあと、＊[10]先祖（瓠公《ここう》）の出身地である但馬《たじま》に住んでその地を治めました。

＊[10]P46で、オミヅヌが旧秦国民から辰韓を奪い返したあと、辰韓再興のため但馬に住む出雲系親族の瓠公《ここう》を派遣したと述べた。実は、ヒボコは王子ではなく瓠公のひ孫あるいは玄孫《やしゃご》であったと思われる。数十年後、ヒボコの子孫の脱解《だっかい》が但馬から辰韓に渡って辰韓王になったため（三国史記新羅本記をもとに推測）、血統の正統性を重視してヒボコは王子のまま伝承されたのであろう。

第六章　大国主神の時代　弥生時代　中～後期

其の一　五人の＊1大国主《おおくにぬし》が治めた出雲王国

およそ西暦元年から百五十年間、初代～第五代の大国主が治めた出雲王国は安泰《あんたい》でした。

＊1「大国主」は、個人の名前ではなく称号とする。

① 西暦元年頃、出雲平野で大規模な土木工事が行われた

出雲王国の幹部の中に、オオナムヂ（大穴牟遅神）という文武両道に秀《ひい》でた若い人気者がいました。スサノオの血統ではなく、養子もしくは素性の知れない者だったかもしれません。なぜなら、オオナムヂは兄弟から何度も命を狙われたからです。兄弟は出雲王の血を引く者ばかりで、血統の違うオオナムヂが活躍するのを許せませんでした。但馬のヒボコも、オオナムヂに度々嫌がらせをしていたようです。

ある時、オオナムヂは意宇《おう》（松江市）から神門《かんど》（出雲市）にやってきて、とんでもない事業を成功させました。人力で＊[2]斐伊川《ひいかわ》の流れを変えたのです。工事が終了すると、たびたび起こる斐伊川の氾濫に悩まされていた神門の住民は大喜びし、穀物の収穫が安定して人口が増えました。もとの河口に港を作り、船による物流も盛んになりました。さらに、これらの土木工事で生じた大量の土石を用いて、四角い舞台（P53）が次々と作られました（青木遺跡、西谷墳墓群など）。

＊[2]その後、斐伊川下流には数百年かけて土砂が

オオナムヂ
（初代大国主神）

【出身】出雲国
【活躍年】
西暦元-30年
【主な業績】
神門で大規模な土木工事や、青銅を用いた貨幣経済化を進めた

似顔絵は「似顔絵イラストメーカー」で制作
http://illustmaker.abi-station.com/

堆積し、洪水をきっかけに川は再び日本海へ注ぐことになる。

毎年十月（神在月《かみありづき》）、出雲にやって来た全国各地の首長《しゅちょう》（神々）は、どんどん発展する出雲王国を見て驚いたことでしょう。

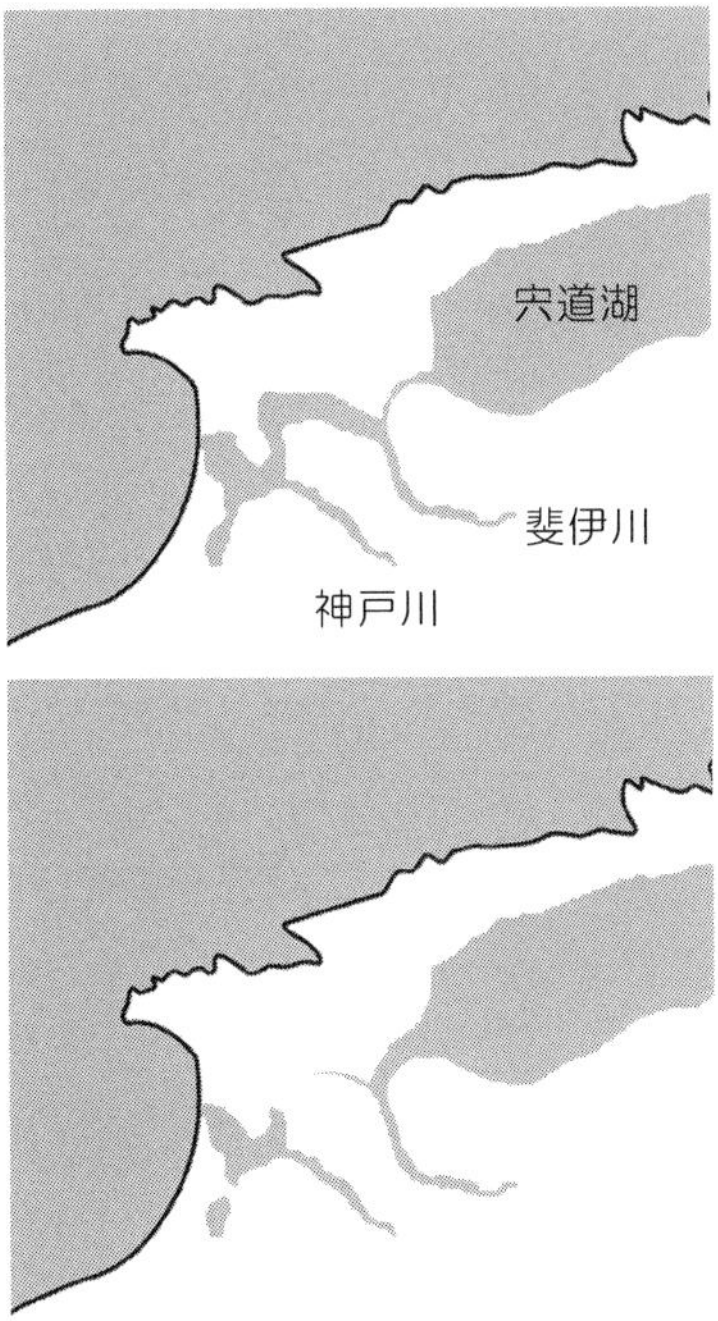

著者が考える紀元前後の出雲平野
大国主による斐伊川の付け替え
上：工事前　下：工事完了後

こうしてオオナムヂは兄弟達に実力を認めさせ、周囲に押されて出雲王国の王になり、大王に並ぶ称号を意味する大国主《おおくにぬし》（初代）と称されました。スサノオ以来のスーパーヒーロー誕生です。但し、これらの工事は完了までに数十年かかるため、首都機能を神門《かんど》に移し（都は意宇《おう》のまま）その後何代かにわたって事業を継続したと思われます。

工事に参加した労働者への報酬は、穀物はもちろんのこと、貨幣として青銅（青銅器の材料）でも支払われていたのではないでしょうか。本来、漁業や農業等で生計を立てていた住民が工事に参加すれば、当然その家の収入は減ります（物々交換できなくなる）。それを解消するため、受け取った青銅で物を買うといった貨幣経済が、この時大々的に始まったと思われます。さらに、一般庶民でも出雲国外の土器、漁具、狩猟具、装飾品、あるいは珍しい食べ物を手に入れることが可能になりました。出雲王国において、青銅の価値が祭祀用から貨幣へと、歴史的に重要な転換期になったのです。そして、出雲王国が所有していた青銅器のうち、実際に祭祀で用いたものは「×《ばつ》」印をつけて聖なる山に埋納されたと推測します（荒神谷《こうじんだに》遺跡、加茂岩倉《かもいわくら》遺跡）。

② オオナムヂを助けた人たち

現代でいうところの内閣官房長官に、王国一の物知りだったクエビコ（久延毘古）がいました。あらゆる場面で、知らないことや判断に迷いが生じると、クエビコに聞けば大抵のことは答えてくれました。クエビコは物静かな男で、じっと立ち止まって考える姿は知的でしたが、服装に無頓着で着衣がボロだったため、案山子《かかし》のようだと言われていました。

もう一人、とても小さな舟で海からやってきたスクナビコナ（少名毗古那神）がいました。体が小さく足に障害があり、陸を移動できなかったので、小舟で日本中をまわって情報収集していました。

オオナムヂ「大きな石を運びたいのだが、どうやったらいい？」

スクナビコナ「〇〇国では△△して運んでいたぞ」

オオナムヂ「神在月《かみありづき》に集まる首長たちの舌を唸らせる料理を出したいなぁ」

スクナビコナ「もっと美味い酒の造り方を教えてやろう」

このように、スクナビコナはオオナムヂにとって有難い存在でした。

スクナビコナの本名は、ひょっとしたら自分でもわからなかったかもしれません。オオナムヂの「オオナ」に対して「スクナ」、男性に用いられる「ビコ」、小柄で可愛らしい「ナ」をつけてスクナビコナと出雲で名づけられたのではないでしょうか。スクナビコナは、今まで自分に名前を付けて大切に扱ってくれた国はなかったので、亡くなるまで大国主に尽くしました。クエビコやスクナビコナは、神在月効果で全国にその存在が知られ、各地で祀られるようになったと思われます。

③[*3]歴代大国主とその妻たち（かなり強引な発想ですが、あくまでも物語としてお許しください）

　初代大国主オオナムヂ（大穴牟遅神）の妻は、オキツシマヒメ（奥津島比売命）、別名トリミミ（鳥耳神または鳥取神）。辰韓《しんかん》から沖ノ島を経由して出雲へ嫁ぎました。巫女としても優秀で、二代前の国王オミヅヌと妻フテミミ（タキリビメ）を祭る役割も担いました。フテミミも辰韓から来ていたのでトリミミは後輩になります（どちらも名前にミミがつく）。

第二代大国主トリナルミ（鳥鳴海神）の妻はヤカミヒメ（八上比売）。先代のオオナムヂが因幡《いなば》（鳥取県）から連れて来た時はまだ子ども（白ウサギ）でしたが、良い娘に育って西暦三〇年頃に第二代大国主の妻になりました。

第三代大国主クニオシトミ（国忍

歴代大国主神と妻

西暦元～30 年

初代大国主　オオナムヂ　―　オキツシマヒメ

別名トリミミ

30～60 年

第二代大国主　トリナルミ　―　ヤカミヒメ

60～90 年

第三代大国主　クニオシトミ　―　スセリヒメ

90～120 年

第四代大国主　サハヤジヌミ　―　ヌナカワヒメ

120～150 年

第五代大国主　ミカヌシヒコ　―　ヒナラシビメ

別名カムヤタテヒメ

またはタゴリヒメ

注）各年代は本書による

富神）は、若い時に熊野やヤマト国で活動していました。ヤマト国の幹部や住民とも仲良くしていたと思われます。「葦原色許男《あしはらしこお》」と呼ばれていたことから筋骨隆々の男前だったと想像します。西暦六〇年頃、王を継承するため出雲に帰り、スサノオの血を引くスセリヒメ（須勢理毗売命）を妻にしましたが、彼女はかなりキツイ性格で「紀伊半島へ帰りたい」とたびたびグチをこぼしたとか。スセリヒメは日常的に前王妃（ヤカミヒメ）いびりをしますが、スサノオの血統ということで誰も諌《いさ》めるとこができませんでした。

第四代大国主サハヤジヌミ（佐波夜遅奴美神、八千矛《やちほこ》神に比定）の妻は、越《こし》国のヌナカワヒメ（沼河比売）。西暦九〇年頃、出雲王国と越国が正式に親族関係を築きました。しかし、ヌナカワヒメはスセリヒメから嫁《よめ》いびりを受けると予想したのか、越国から出ずにサハヤジヌミの子を産み育てました。子の名前はタケミナカタ（建御名方神）です。立派な武人に成長しましたが、彼が六十歳の頃に事実上の出雲国譲《くにゆず》りとなり、年老いたタケミナカタは信濃川《しなのがわ》〜千曲川《ちくまがわ》を上って諏訪《すわ》に移住しました。現在も、諏訪大社の御祭神として祀られています。

第五代大国主ミカヌシヒコ（甕主日子神）の妻は*4ヒナラシビメ（比那良志毗売）で、国譲りの謎を解く鍵を握ります。本書では、物語の流れから彼女がカムヤタテヒメ（神屋楯比売命）、別名タゴリヒメ（高降姫、田心姫）であるとしました。西暦一二〇年頃に宗像《むなかた》（福岡県）から嫁ぎ、次代大国主になるはずだった事代主神《ことしろぬし》を出産しました。

ヒナラシビメは、出雲市姫原《ひめばら》町にある「比那《ひな》神社」というとても小さな神社に祀られています。ヒナラシビメがここに住んだ期間はわずかだったかもしれませんが、「姫（ヒナ）のおわす場所」として古来「姫（ヒナ）原」と呼ばれているのではないでしょうか。ここら辺りは初代大国主に始まった斐伊川の流れを変える工事のおかげで、多くの人が住んで栄えたと思われます（姫原西遺跡）。

実は、ヒナラシビメは、ヤマト国に仕える建内宿祢《たけうちのすくね》（後述）が、出雲王国を取りに行くための布石《ふせき》（政略結婚）として嫁がせた身内でした。子の事代主《ことしろぬし》は、ヤマト国で生まれたか、生後たびたびヤマト国に行っていたと思われます。そこでは親戚の建内宿祢や出雲系の賀茂《かも》氏にとても可愛がられ、出雲から気持ちが離れていったことでしょう。

西暦一五〇年頃、事代主はヤマト国の天皇と出雲国王を兼任し、出雲国をヤマト国の傘下に置いてしまいました（後述　P94）。

＊[3]歴代大国主の実名は『古事記』の系譜を参照。本書では、第二代～第五代大国主は前代の実子とは限らず、実績と人柄でも選ばれたとする。

＊[4]ヒナラシビメの父親（古事記には淤加美《おかみ》神）は、賀茂氏と関係が深い貴船《きふね》神社（総本社は京都）の主祭神で水の神様。事代主を可愛がっていた賀茂氏がヒナラシビメの後ろ盾となり、古事記では彼女を淤加美神の娘に位置付けたと推測する。その後、ヒナラシビメは天皇の母親に昇格したことでカムヤタテヒメ（名前の頭に「神」がつくので、ただ者ではない）という名で、美保《みほ》神社（美保関《みほのせき》町）に祀られたのではないか。
ちなみに古事記では、年代が合わないものの、淤加美神のひ孫にオミヅヌ（本書では賀茂氏の先祖ツノミの父親）が配されている。

其の二　建内宿祢《たけうちのすくね》誕生とヤマト国の反撃

物語を第四代大国主サハヤジヌミ（別名は八千矛神《やちほこ》、事代主《ことしろぬし》の祖父）の時代に戻します。

①西暦一一〇年頃、高句麗《こうくり》の助けを借りた濊族《わいぞく》（韓国人の祖先）に辰韓が奪われました。辰韓倭人および旧秦国民は、筑紫や出雲へ次々と移住し、辰韓から完全に*5撤退しました。辰韓王家のスガ氏は、とりあえず宗像《むなかた》に移住して、いわゆる蘇我《そが》氏が誕生しました（スガ＝ソガ）。

蘇我氏「我々にとって出雲は弟分だし、助けてくださいと言うのは嫌だなぁ。旧秦国民とのつながりで言えば、秦《はた》氏と葛城《かつらぎ》氏がいるヤマトかなぁ。でも、ヤマトは馬韓《ばかん》系の物部《もののべ》氏がうるさいし……」といった感じで、蘇我氏は出雲王国かヤマト国のどちらにつくか決めていませんでした。

＊5旧秦国民の一部は馬韓に移住。馬韓では、旧秦国民の先祖が中央アジア（弓月国《ゆづきこく》）から来たので「弓月君《ゆづきのきみ》」と呼んでいた。弓月君は三世紀後半にヤマト国（その頃にはヤマト王権）に帰化した。

②初代建内宿祢《たけうちのすくね》の誕生と策略

出雲王国が辰韓を失って（鉄や青銅の輸入ができなくなり）急速に力を弱めると、ヤマト国にしてみればチャンス到来。勢力を拡大して出雲王国を取るため、九州に協力を要請することにしました。

西暦一二〇年頃、ヤマト国のニニギ（第十二代景行《けいこう》天皇に比定、P129の系譜図を参照）が、中臣《なかとみ》氏ら周辺の豪族を引き連れて九州遠征に出発しました。まず立ち寄ったのが宗像《むなかた》の蘇我氏のところです。

蘇我氏は、ヤマト国の天皇家と周辺の名だたる豪族がやって来たということで相当怖気付《おじけづ》いたことでしょう。しかし、出された提案は意外なものでした。

ニニギ「いや〜この度は大変でしたね〜。こっちには慣れましたか？」

蘇我氏「あっち（半島）にいた時は出雲と深くつながっていたから、もしかして首を取りに来たのか？」

ニニギ「とんでもない！　その逆です。出雲はもうすぐ力を失います。でも、相変わらずヤマトでは出雲出身の神々が祀られているので、力を失ったとしても簡単に出雲を落とすことができないのです」

蘇我氏「そうだな。ヘタをすると民衆の反乱が起こるかもな」

ニニギ「そこで、スサノオの本家で、出雲と深く関わるあなた方がヤマトの味方になってくれれば、ヤマトの優位性を示すことができます。
大歓迎しますので、こっち側につきませんか？」

蘇我氏「なるほど、それは良い考えだな」

ということで、蘇我氏は宗像に一族を残しつつ、幹部はヤマト国へ移住しました。
そして、温かく迎えてくれた葛城氏と兄弟の契りを結び、初代*[7]建内宿祢《たけうちのすくね》が誕生しました。

*[7]建内宿祢は天皇五代にわたって仕えた。

建内宿祢は出雲攻略の策として、身内を出雲王国に嫁がせる計画を立てました。

建内宿祢（初代）

【出身】初代は辰韓（宗像）、二代目以降はヤマト国
【活躍年】
西暦 120 年-350 年
【主な業績】政略結婚により、出雲国や九州をヤマト国に取込んだ

似顔絵は「似顔絵イラストメーカー」で制作
http://illustmaker.abi-station.com/

すぐさま出雲王国（第四代大国主サハヤジヌミのところ）へ出向き、
建内「サハヤジヌミよ、俺たち蘇我氏は辰韓から完全撤退して、早くもヤマトから管理下に入るよう打診があった。大変な屈辱だ。これは出雲にとってもかなりのダメージだよな。そこで、宗像の身内をそちらに嫁がせて、スサノオの本家本元である俺たちと出雲とのつながりをもう一度強めようと思うがどうだろう？」
サハヤジヌミ「そうだなぁ……。なんだかんだ言って、熊野のスサノオ信仰、纒向のニギハヤヒ（大年神《おおとし》、大物主神《おおものぬし》）信仰、山城の賀茂氏（ツノミの氏族）と、ヤマトではスサノオ系の影響力が強いからなぁ。出雲がヤマトと互角にやり合うためには、スサノオ本家の血筋《ちすじ》に頼るしかないかぁ……」

建内「では、あなたの次に大国主になる予定のミカヌシヒコに、宗像のヒナラシビメを嫁がせよう。そして、生まれた子が出雲国王を継げば良い」

サハヤジヌミは建内宿祢の考えに同意しました。

後日、建内宿祢は宗像のヒナラシビメに、

建内「よいか、韓流とか宗像流とか言って、子を産むときはヤマト（建内）でということにするのだぞ」

ヒナラシビメ「なぜですか？」

建内「もし男の子が生まれたら、ヤマトと出雲にとって大事な子だからしっかりと教育してやる」

ヒナラシビメ「わかりました」

　こうなれば＊8建内宿祢の思うツボ。第五代大国主ミカヌシヒコとヒナラシビメの間に生まれた事代主《ことしろぬし》（＊9幼名《ようみょう》として多比理岐志麻流美《たひりきしまるみ》神に比定）は、幼少期からヤマト国で可愛がられ、いよいよ出雲国王位を継承する段になっても、ヤマト国への依存心は変わりませんでした。

＊8建内宿祢系の蘇我氏は、六～七世紀にも王室に娘を嫁がせる手法を取り、古墳時代から飛鳥時代まで権力を持った。

＊9事代主が大国主の子というのは自明の理である。しかし、本書では大国主が複数存在し、第五代大国主の子（多比理岐志麻流美神）が成長して事代主になったと仮定して、国譲りの物語を組み立てた。

　ヒナラシビメ（タゴリヒメ）は、夫の第五代大国主ミカヌシヒコが亡くなると、同じ辰韓出身のタキリビメ（フテミミ）とオキツシマヒメ（トリミミ）の遺骨または遺品を持って宗像に帰ってしまいました。三人は宗像大社《むなかたたいしゃ》の沖津宮《おきつぐう》（沖ノ島）で祀られています。さらに、古事記編纂《へんさん》時にタキリビメとオキツシマヒメは同一人物に扱われ、スサノオの娘に位置付けられました（詳細はP１０９～１１０）。

③ 事代主が出雲国王とヤマト国天皇を兼任

事代主は予定通り出雲国の王位を継承した後も、ほとんどをヤマト国で過ごしていたと思われます。出雲国で過ごす日は、政治をせずに美保関《みほのせき》町あたりで魚釣りばかりしていたかもしれません。

ヤマト国では、第十二代景行《けいこう》天皇以降、九州遠征にかかりきりだったので天皇不在が数十年続きました。そこで、西暦一五〇年頃、出雲国王の事代主を第十三代成務《せいむ》天皇として迎えると、賀茂氏をはじめとする畿内の出雲系豪族も従って、今までにない大きなヤマト王国が誕生しました。これを事実上の「出雲国譲り」とします。

成務天皇は実在しないとも言われています。第十二代景行天皇はオオタラシヒコオシロワケ、第十三代成務天皇はワカタラシヒコ、第十四代仲哀《ちゅうあい》天皇（後述）はタラシナカツヒコという名前（和風諡号《しごう》）で[*10]タラシが三代続きます。私には三つ目の「タラシナカツ」が九州弁で「タラシは無いよ」に聞こえてしかたありません。

[*10]他に、第六代孝安天皇（オオヤマトタラシヒコクニオシヒト）がある。明治以前は、仲哀天皇の妻である神功《じんぐう》皇后（オキナガタラシヒメ）も天皇とされていた。

こうして、ヤマト国の秦《はた》氏、葛城《かつらぎ》氏、蘇我《そが》氏のもくろみ通り、出雲国はヤマト国傘下の国のひとつにまで下ってしまいました。また、蘇我氏は物部氏と同等の地位を固めました。

事代主はヤマト国の天皇と出雲国の王を兼任しましたが、このことは出雲国にとって悪いことばかりではなく、出雲勾玉《まがたま》の全国的な需要が増えて勾玉作りが盛んになりました。数十年ぶりに景気が回復した出雲国では、東北方面（因幡～越後）にも大型の四隅突出型墳丘墓が次々と作られました。

ただし、次に出雲国を治めたミロナミ（美呂浪神）は出雲王国復活をもくろんでいたと思われます。西暦一六〇年頃、ミロナミは首都機能を神門《かんど》から意宇《おう》以東へ再び移転させました。同じ頃、戦争に備えて出雲地方の集落は急速に高台へ移行し、敵の侵入に警戒していた模様です。ここから二世紀後半～三世紀の倭国大乱《わこくたいらん》につながります。

第七章　九州制圧とヤマト王権の誕生

弥生時代　後～終末期

其の一　＊1日向三代《ひむかさんだい》から神功皇后《じんぐう》へ

＊1『古事記』の神話と天皇記を合体させた。

ニニギ、ホオリ、ウガヤフキアエズを日向三代といい、ここから九州を舞台とした話が続きます。

① ニニギ（第十二代景行天皇《けいこう》）が天孫降臨《てんそんこうりん》

西暦一二〇年頃、ヤ､マ､ト､国の秦《はた》氏の近親（葛城氏系かもしれないことを示唆しておく）からニニギ（景行天皇）が選ばれ、三種の神器《じんぎ》のレプリカ（鏡、勾玉、剣）を持ち九州遠征に出発しました。伊勢の漁民だったサルタヒコ（猿田毘古神）が先導し、摂津《せっつ》の大伴《おおとも》氏に警護されながら、祭祀担当の中臣《なかとみ》氏らをはじめ周辺の豪族を引き連れて、まず立ち寄ったのが宗像《むなかた》の蘇我氏のところです。前章で述べたとおり、蘇我氏を味方につけると、一行は海岸線を南下して日向《ひむか》（宮崎県）から上陸し、山中に入って高千穂《たかちほ》に陣取りました（これを天孫降臨《てんそんこうりん》とする）。

＊[2]景行天皇の九州遠征は、古事記ではなく日本書紀に記述される。

ここを選んだ理由は、まず熊本方面を取り込もうと考えていたからです。しかし熊曽《くまそ》の激しい抵抗に遭い、逆にやられそうになったので一旦あきらめました。

さらに陸を南下して向かったの

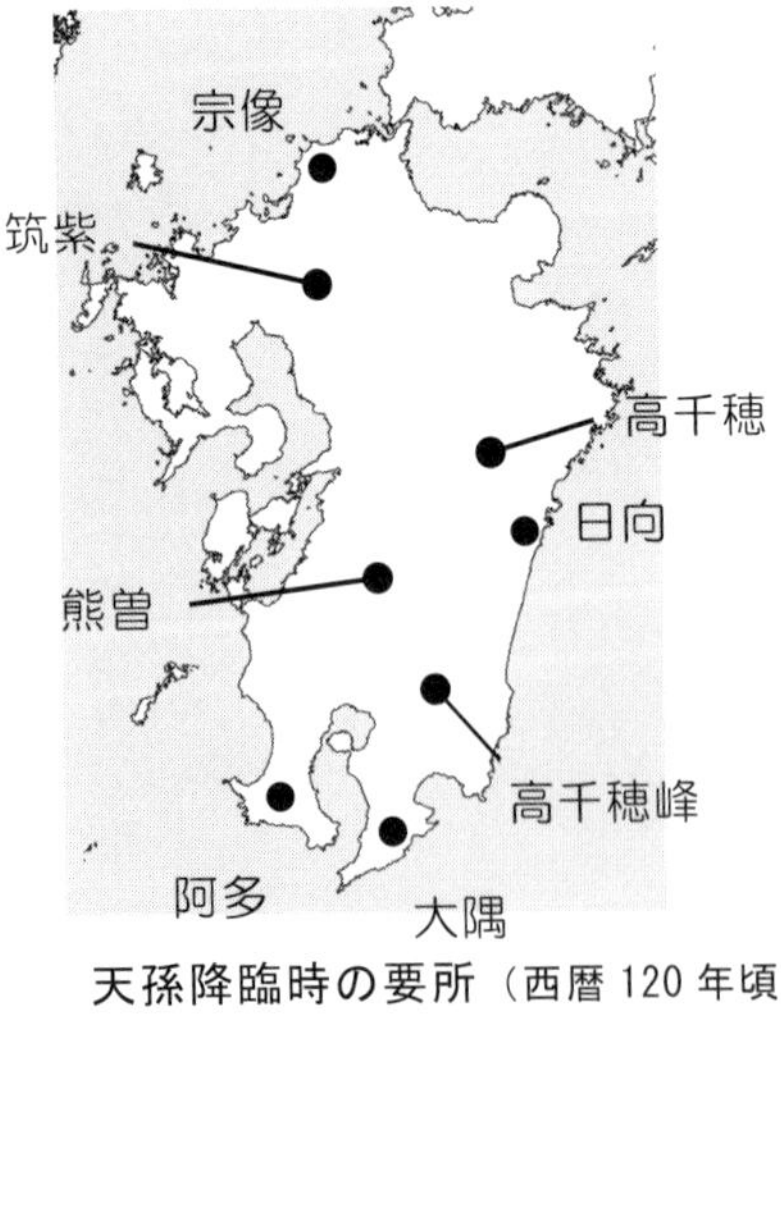

天孫降臨時の要所（西暦 120 年頃）

は薩摩《さつま》（鹿児島）です。そこには隼人《はやと》一族（阿多隼人《あたはやと》、大隅隼人《おおすみはやと》）が住んでいましたが、こちらは上手くいって同盟関係を結ぶことができました。そして阿多隼人の山津見《やまつみ》（山林王）からお嫁さんをもらうことに。妻の名はコノハナノサクヤビメ（木花之佐久夜毗売、別名カムアタツヒメ）で、かなりの美人だったらしいです。ニニギ（景行天皇）はそのまま薩摩に居続けて、晩年になってからヤマト国へ帰りました。

② 男前だったホオリ

ニニギとコノハナノサクヤビメの間に三人の男の子が産まれました。中でも三番目のホオリ（火遠理命、別名は山佐知毗古《やまさちびこ》）は母親に似て美形でした。薩摩の山側を仕切っていましたが、海側に降りて来てもモテモテで、大隅隼人の綿津見《わたつみ》（漁師の棟梁）の娘であるトヨタマビメ（豊玉毗売命）と一緒になりました。当時、大隅隼人は天然の真珠を採っていました。真珠は装飾品または薬用として、のちに魏《ぎ》との交易で欠かせないものの一つになりました。

③王となったウガヤフキアエズ

ホオリとトヨタマビメの子はウガヤフキアエズ（鵜葺草葺不合命、以下ウガヤ）です。古事記にはほんの少ししか登場せず、名前もヘンです。しかも、結婚したのは母親の妹（叔母）です。にもかかわらず、古事記の神代《じんだい》では初代神武《じんむ》天皇の＊3父親ということになっています。

＊3ややこしいが、古事記の初代神武天皇は紀元前七世紀、ここは紀元後二世紀の物語が進行中。

恐らく、古事記編纂《へんさん》時に、ウガヤ夫妻の存在は「いちおう名前を載せておくけど、余計な詮索はしないでね」としたかったのでしょう。なぜなら、深く掘り下げられると都合が悪い事件があったからです（天皇暗殺事件、後述）。本書においてウガヤは、実在性が疑われている第十四代仲哀《ちゅうあい》天皇であるとしました。

ウガヤ（仲哀天皇）が高千穂〜日向〜薩摩の王（ウガヤフキアエズ王朝ともいわれる）になったところで、ヤマト国から使者がやってきます。

使者「そろそろヤマト国に帰りませんか？」

ウガヤ「いや、ワシはこのまま残って、ヤマトとは別の国造りをすることにした」

使者「それはいけませんなぁ。もっと広く世界を見てくださいませ。支那の漢王朝は魏《ぎ》の傀儡《かいらい》になりかけています。朝鮮半島では北からの勢力が押し寄せて来ており、いつ筑紫にやって来るかわからない危険な状況です」

ウガヤ「そんな遠くのことは知らん」

使者「そもそも、あなたのお祖父さんのニニギ様は、この国をまとめて強くするために九州へやってきました。国の安全を考えれば、まずは一刻も早く魏と友好関係を結ばなければならないでしょう」

ウガヤ「知らんもんは知らん！」

といった調子で話になりません。

そこで、ヤマト国の三代目建内宿祢《たけうちのすくね》が再び政略結婚を仕掛けます。建内宿祢は、自分たちと同じ辰韓王家（スガ氏）の血統で、二百年ほど前から畿内に住んでいる氏族（アメノヒボコの子孫）がいることを知っていました。そこの娘で、葛城氏とも＊4血縁関係を持つオキナガタラシヒメ（息長帯比売命）をウガヤに嫁がせたのです。オキナガタラシヒメは神功皇后《じんぐう》と呼ばれました。彼女は「神懸《かみがか》りをなさった」と古事記に書いてある通り、巫女として特殊な能力、圧倒的な呪術力を持っていました。

＊4古事記によると、オキナガタラシヒメ（息長帯比売命）は、第九代開化天皇の五世孫とされ、彼女の母親はアメノヒボコの五世孫で葛城出身。また、後述するヤマトトモソビメ（夜麻登登母母曽毗売命）は、第七代孝霊天皇の御子で、異母兄妹が第八代孝元天皇。建内宿祢は孝元天皇の孫で、蘇我氏・葛城氏の祖にあたる。古事記編纂者は、当時活躍した人物を天皇の一族にするため、苦心に苦心を重ねたのではなかろうか。古事記の記述と年代は一致しないが、自説を巻末（P129~130）の系譜図に示す。

其の二＊5ヒミコになった神功《じんぐう》皇后

①西暦二〇〇年頃に神功皇后が嫁いだ直後、なんと！　ヤマト国の幹部が首謀《しゅぼう》した、ウガヤ（仲哀天皇）暗殺が速やかに行われました。天皇暗殺という大事件です。これを上手にもみ消し、ウガヤ王朝に北部九州を加えた九州連合を（畿内ヤマト国の出張所として）皇后が治めました。神功皇后が行う祈祷《きとう》は大変な迫力で、凄まじいエネルギーを放出し、目の当たりにした者全てを虜にしました。高台で、太陽に向かって祈りをささげたことからヒミコ（日向子、日御子などの意味）

神功皇后、ヒミコ

【出身】畿内
【活躍年】
西暦 200-248 年
【主な業績】
九州の女王に就任、魏から親魏倭王に認定された、朝鮮出兵を指揮

似顔絵は「似顔絵イラストメーカー」で制作
http://illustmaker.abi-station.com/

＊5『古事記』と『魏志倭人伝』が合体。

と名乗り、皆からもそう呼ばれていました。

ヤマト国がヒミコ（神功皇后）に課した＊6使命は、「魏との国交を樹立し、それを後ろ盾に朝鮮半島、出雲、熊曽を制圧せよ」というとんでもないものでした。ところが、ヒミコ（神功皇后）は魏との（朝貢に近い）交易や朝鮮半島に対する軍事作戦を着々と遂行し、やがて魏から倭国の女王（親魏倭王《しんぎわおう》）に認定されたのです。

＊6神功皇后について数々の武勇伝が伝えられている。かなり誇張された内容でフェイクニュースと思われがちだが、大活躍したことには間違いない。

②ヒミコ死して天照大御神《あまてらすおおみかみ》に合祀《ごうし》

大活躍したヒミコ（神功皇后）でしたが、西暦二四〇年代に死去しました。すると、亡骸《なきがら》は九州で埋葬され、御霊《みたま》はニギハヤヒ（大年神《おおとし》、大物《おおもの》主神《ぬし》）の妻として畿内ヤマト国内に祀られることになりました。その理由は、蘇我氏や葛城氏にやられっぱなしで殺気立っていた畿内在住の出雲系豪族や、国内最大の武闘派豪族である物部氏の顔を立てるためです。ところが、偶然にもこのタイミングで日本列島全体を分厚い雲が覆い、太陽を拝めない日が続きました。「こりゃいかん！」ということで、大慌てで彼女の御霊《みたま》を*7天照大御神《あまてらすおおみかみ》に合祀《ごうし》しました。このエピソードをもとに「天《あめ》の岩戸《いわと》神話」の原型（太陽神が岩穴に隠れて出てこない）が創られたのではないでしょうか。

*7ヤマト国では、もともと男神の天照大御神が祀られていた。合祀から数百年後、古事記と日本書紀の編纂から完成に三人の女性天皇（持統天皇、元明天皇、元正天皇）が関わり、持統天皇期に伊勢神宮の内宮《ないくう》が完成したことから、日本神話における天照大御

神は（男神ではなく）女神とされたのだろう。

「*8天《あめ》の岩戸《いわと》神話」（原型）は、太陽が消えたという衝撃的体験からアッという間に全国に広まったと考えています。各地で大きな岩穴を見つけると「ここも天の岩戸か？」と心配され、「では、しめ縄を張って結界を作らないと、また天照様がお隠れになっては大変だ」と次々に祀られました。こうして全国共通の大神様《おおかみさま》が誕生したと思われます。

*8「天の岩戸」神話は、古事記では「天の岩屋《いわや》」と記される。

他方、黄泉《よみ》の国に通じると思われる大きな岩穴にも、しめ縄を張って人々を近づけないようにしました。理由は、近づくだけで死ぬからです。出雲地方には「黄泉の穴（猪目洞窟《いのめどうくつ》）」と「黄泉の坂（黄泉平坂《よもつひらさか》）」があります。ヤマト国から見て、出雲は太陽が沈む方角。仏教でもその方角には彼岸（極楽浄土、悟りの世界）がありますからねぇ……。神代《じんだい》から現在でも、出雲が神秘的な地域であることに変わりありません。しかし、その代償として陸の孤島と呼ばれ発展途上県になっているのは悲しいことですが。

③ 神功《じんぐう》皇后の御陵《ごりょう》（墓）と桃の意味

現在、神功皇后の御陵はよくわかっていません。第十三代成務《せいむ》天皇の御陵と取り違えられたこともあります。御陵不明という理由で、神功皇后は実在しないとする学者もいますが、神様として*9宇佐《うさ》神宮（大分県）で*10宗像三女神《むなかたさんじょしん》（次頁）および第十五代応神《おうじん》天皇と一緒に祀られ、彼女に関する記録の多さから、間違いなく実在し影響力が強かった人物と考えています。

本書における「宗像三女神《むなかたさんじょしん》」
（タキリビメ、タゴリヒメ、タキツヒメ）

タキリビメ
（フテミミ）
辰韓出身
紀元前 60 年頃 オミヅヌの妻

オキツシマヒメ
（トリミミ）
辰韓出身
西暦元年頃 オオナムヂの妻

二人合わせて
タキリビメ

タゴリヒメ
（ヒナラシビメ）
宗像出身
西暦 120 年頃 事代主の母

タキツヒメ
（トヨ）
宗像出身
西暦 250 年頃 ヒミコの後継者

似顔絵は「似顔絵イラストメーカー」で制作
http://illustmaker.abi-station.com/

＊[9]宇佐神宮の参拝作法は、出雲大社と同じ「二拝四拍手一拝」である。

＊[10]宗像三女神…古事記ではスサノオの娘に位置付けられている。タキリビメ（オキツシマヒメ）、タゴリヒメ、タキツヒメ、イチキシマヒメ（サヨリビメ）のうちの三人。年代や記録によって誰が誰と同一人物なのかよくわからない。古代の口頭による歴史伝承の曖昧《あいまい》さを表している。本書ではタキリビメ（オキツシマヒメ）、タゴリヒメ、タキツヒメ（後述）の三人に絞って考察した。

実は、宇佐神宮は古墳らしき小山に建っていることが知られており、そこが神功皇后の最初の御陵（墓）と思われます。没後数十年経って遺骨を取り出し、畿内ヤマト国の箸墓《はしはか》古墳（奈良県桜井市）にヤマトトモモソビメ（夜麻登登母母曽毗売命）として再び埋葬されたと考えていま す。この名前は「ヤマトといえば桃だ」という意味です。

弥生時代、桃には魔除けの力があるとされていました。イザナキ（伊耶那岐命）が、桃を投げつけて魔物を追い払ったという神話（古事記、黄泉《よみ》の国の章）が既に存在していたのかもしれません。纒向《まきむく》遺跡（奈良県桜井市）から大量の桃の種が出土しており、ヤマト国で祈祷に桃を使ったことは史実です。「魔物に桃を投げつける」行為が、節分の豆まきとして現代に残っているともいわれています。神功皇后は、生前圧倒的な呪術力を持っていたので、埋葬する際にヤマトトモモソビメという名が付けられたのでしょう。

また、桃は実をたくさんつけることから実々《みみ》が語源という説がありま す。かつて辰韓から出雲に嫁いだ女性が、フテミミ（タキリビメ）とトリミミ（オキツシマヒメ）という巫女であったと考察しました。巫女だけに、二人に共通の「ミミ」という名が桃を指す名だった可能性もあります。

其の三　出雲完全国譲《くにゆず》りと応神東征《おうじんとうせい》

①ヒミコからトヨへ

ヒミコ（神功皇后）が亡くなると、九州連合は結束力を弱めてバラバラになりかけました。支那大陸や朝鮮半島との関係も上手くいかなくなったことでしょう。それだけでなく、数十年前から本州各地で出雲派の首長《しゅちょう》が出雲王国復活を旗印に反乱を起こしており（倭国大乱《わこくたいらん》）、九州にも兵を送ってきました。九州連合は、一旦は男性が王になったものの力不足で、ヒミコのように圧倒的呪術力を持つカリスマ的な人物の出現が望まれました。

そこで白羽の矢が立ったのは、まだ十三歳の*11タキツヒメ（多岐都比売命）でした。タキツヒメは宗像《むなかた》で巫女をしていたところ、容貌、呪術力、人間性のいずれも文句をつけようがなく、ヒミコを継ぐのは彼女しかいないということで王宮に連れて来られました。タキツヒメは九州連合の女王に就任するとトヨ（台与《とよ》または壱与《いよ》）と名を変えました。

トヨは直ちに九州連合を立て直し、魏との関係を回復させたので、畿内では「神功皇后の娘らしいぞ」とか「いや、皇后がこの

タキツヒメ、トヨ（イヨ）

【出身】宗像
【活躍年】
西暦 250-270 年
【主な業績】
神功皇后の後継者、出雲国を完全国譲りさせた、応神天皇を選出した

似顔絵は「似顔絵イラストメーカー」で制作
http://illustmaker.abi-station.com/

世に甦ったんだ」などと噂になり喜ばれたことでしょう。

＊11古事記編纂時、タキツヒメも辰韓王家の血統という理由でスサノオの娘（天照大御神との誓約《うけい》によって生まれた宗像三女神の一人）にされたと考えている。

さて、倭国大乱（反ヤマト勢力）の中心人物は、出雲国でミロナミの後を継いだヌノオシトミトリナルミ（布忍富鳥鳴海神、以下ヌノオシ）でした。ヌノオシは、ヒミコが亡くなったことで「今がチャンス！」と九州に兵を送って一時優勢でしたが、トヨ（タキツヒメ）が後を継ぐと、九州連合は再び一枚岩となりヌノオシは苦戦しました。そのタイミングで、トヨはヌノオシに和平交渉を持ちかけました。

トヨ「そろそろ戦争を止めませんか？」

ヌノオシ「止めるには条件がある。聞いてくれるか？」

トヨ「何です？」

ヌノオシ「*[12]大国主神をヤマトでも最上位の神として祀ってくれ」

トヨ「ヤマトで最上位は無理ですが……東の天照大御神、西の大国主神という位置づけであればヤマトも反対しないでしょう」

ということで、西暦二五〇年頃にヌノオシは戦争を止め、出雲国はヤマト国と和平協定を結びました。

*[12]歴代大国主を一柱《ひとはしら》に合祀した神。

②稲佐《いなさ》の浜で国譲《くにゆず》り

後日、出雲国へヤマト国から二人の使者がやって来ました。タケミカヅチ（建御雷神、祭祀担当の中臣《なかとみ》氏）とアメノヒバラオオシナドミ（天日腹大科度美神、別名は経津主《ふつぬし》神または布都怒志《ふつぬし》命に比定）です。二人は船で畿内を出て瀬戸内海を西へ進み、まずは豊《とよ》国（大分県宇佐市）に立ち寄りました。豊国でトヨから今までの経緯を聞き、再び船に乗って日本海側を東へ進み出雲国の稲佐《いなさ》の浜に着きました。そして、

タケミカヅチ「皆さんお集まりか？」

ヌノオシ「現在、ワシ達がいる出雲の中心地は西伯《さいはく》（妻木晩田《むきばんだ》遺跡）だが、幹部は全員、ここ杵築《きづき》（大社町）に集まってもらったぞ」

タケミカヅチ「ようこそ皆さん、色々あったが、これからは仲良くしよう。早速だが、出雲の首長はここにいるアメノヒバラが務めることになった」

出雲国の幹部「はぁ～？　そんなこと聞いてないがぁ～」

タケミカヅチ「いやいや、これは当然のことである。それと、半島勢力が筑紫に迫っているから朝鮮征伐に参加してもらう」

ヌノオシ「約束した大国主神をお祀りする件は？」

タケミカヅチ「承知している。大国主神には朝鮮半島に睨みをきかせてもらうため、西向きの神殿を建てることにしよう」

こうして多芸志《たぎし》の小浜《おばま》（別の言い方として宇迦《うか》の山の麓《ふもと》、大国主による斐伊川治水工事の象徴的な場所、現在の出雲市武志《たけし》町以北）に立派な神殿が建てられ大国主神が祀られました。その後、洪水被害にあった神殿は杵築《きづき》に移され、信じられないほど高く荘厳《そうごん》な杵築大社《きづきのおおやしろ》（明治時代に出雲大社《いずもおおやしろ》に改称）が建立《こんりゅう》されました。紀元前一世紀に辰韓から来たアメノホヒの子孫である出雲国造《こくそう》家は、*13熊野や意宇《おう》で出雲国王の御霊を祀ることを生業《なりわい》としていましたが、これを機に多芸志の神殿や後の杵築大社でも神事を司ることになったと思います。

＊[13]古代出雲国王は代々熊野山（松江市八雲町）で埋葬された。熊野山は天宮山《てんぐうやま》（現在の天狗山）と呼ばれた聖域。遺体が運ばれると、まずは檜《ひのき》の枝の茂みに隠され、高い柵で囲まれた霊隠木《ひもろぎ》に安置される。数年後に遺骨を取り出し、洗骨《せんこつ》して再び山中の岩倉に埋葬されたらしい。御霊は熊野神社でスサノオとともに祀られた。（参考文献：斎木雲州著出雲と大和のあけぼの〜丹後風土記の世界〜 大元出版）

出雲国が完全に＊[14]ヤマト国の傘下に入って葦原中国《あしはらのなかつくに》（ここでは現在の中国地方）が平定されると、ヤマト国が全国を統一してヤマト王権になるまであと一歩となりました。残った抵抗

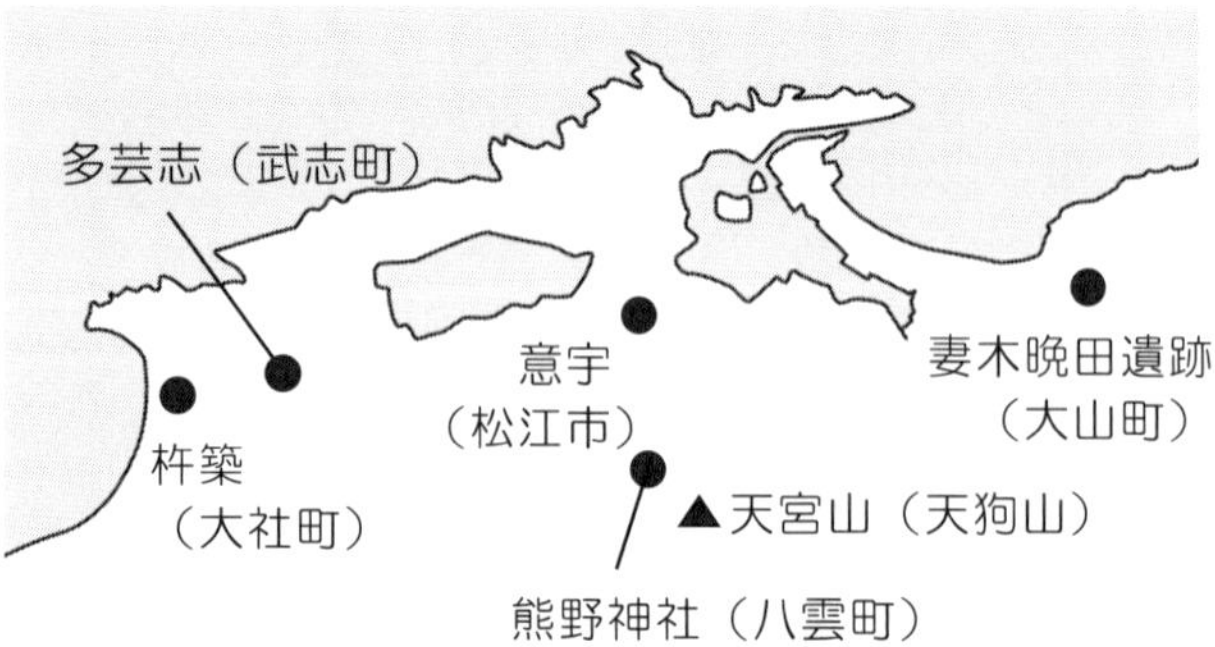

出雲国西部（島根県東部〜西伯地方）の位置関係

勢力はヤマト国から見た東国《とうごく》と九州南部の熊曽《くまそ》です。

＊[14]奈良盆地には出雲、吉備、薩摩、豊前といった旧国名地区が数多く残っている。「桜井市出雲」は大物主神（ニギハヤヒ）を祀る三輪山の北東、巻向山（標高五六七メートル）の山中であり、ふもとには野見宿禰塚跡がある。出雲国譲りの後、ヤマト国在住の出雲族は肩身が狭く、山手へ移住したのではなかろうか。

③第十五代応神《おうじん》天皇が東征《とうせい》（三度目の神武東征）

西暦二七〇年頃、葦原中国平定《あしはらのなかつくにへいてい》に大きく貢献したトヨは、筑紫の秦《はた》氏からヤマト国の秦氏と血縁関係が近いホムダワケという男子を選び、ヤマト国に向かわせました。彼は薩摩隼人と共にヤマト国入りし、畿内で百五十年間（本当の）＊[15]天皇不在だった穴を埋め、第十五代応神《おうじん》天皇としてヤマト国を治めました。応神天皇は「本当の天皇」という意味で「ホムダノ天皇（品陀天皇）」という名も併せ持ちます。応神天皇は、古事記編纂《へんさん》時に第十四代仲哀《ちゅうあい》天皇と神功《じんぐう》皇后の間に生まれた子に位置付けられました。さらに、皇祖神の一つの八幡神《やはたのかみ》として崇《あが》められています。

第十五代応神天皇即位前の 150 年間
天皇の名前（和風諡号）

※順序は本書による（P129～130 の系譜図も参照）

九州	ヤマト国
▼西暦 120 年	第六代孝安天皇 オオヤマトタラシヒコ クニオシヒト
第十二代景行天皇 オオタラシヒコ	
	▼西暦 150 年
	第十三代成務天皇 ワカタラシヒコ
第十四代仲哀天皇 タラシナカツヒコ	第七代孝霊天皇 オオヤマトネコヒコ フトニ
▼西暦 200 年 神功皇后 オキナガタラシヒメ	第八代孝元天皇 オオヤマトネコヒコ クニクル
	第九代開化天皇 ワカヤマトネコヒコ オオビビ
▼西暦 270 年	

ホムダワケ、ホムダノ天皇
（第十五代応神天皇）

【出身】筑紫
【活躍年】
西暦 270 年-310 年
【主な業績】
熊曽および東国を制圧してヤマト王権を樹立

似顔絵は「似顔絵イラストメーカー」で制作
http://illustmaker.abi-station.com/

＊[15]本書では、垂仁天皇崩御後にヤマト国で即位した天皇が欠史八代天皇であると仮定した（巻末の系譜図を参照）。加えて、景行天皇から応神天皇即位前の百五十年間にヤマト国と九州で名前が挙がる天皇は、いずれも秦氏の正統な継承者ではない可能性を示唆した。仮にそうであれば、三世紀後半の応神天皇即位は皇統復帰の意味で大変重要なことであった。ヤマト国は出雲国を取り込んだ後も成長を続けたが、外交や国防は九州連合が担っており、魏の交渉相手は新たに国交を樹立したヒミコ（神功皇后）と九州連合であった。当然、ヤマト国の天皇がその後数千年にわたって皇位継承されるとは予想だにせず、魏も天皇への拝謁には無関心だったと思われる。よって、第二章（P31）で述べたように、『魏志倭人伝』を記録した魏の使者は邪馬台国（ヤマト国）へは行かず、邪馬台国の場所を帯方郡（朝鮮半島中西部）からの所要日数（南へ、水行十日と陸行一か月）のみ記録したと推測し、邪馬台国論争の着地点とする。

歴代天皇の中で、諡《おくりな》に「神」がつくのは神武《じんむ》天皇、崇神《すじん》天皇、応神《おうじん》天皇の三人だけです。本書では、

◆初代神武天皇＝紀元前七世紀に誕生した弥生人の始祖（P26）

◆第十代崇神天皇＝紀元前一世紀に建国したヤマト国の初代天皇（P63）

◆第十五代応神天皇＝紀元後三世紀に全国統一したヤマト王権の初代天皇

それぞれ九州北部から畿内に向けて東征した物語にしています。また、神功《じんぐう》皇后も諡《おくりな》に「神」の文字があります。彼女は、明治時代までは歴代天皇に数えられていましたが大正時代に外されてしまいました。神功皇后はあくまでも皇后陛下というのが専門家の見解です。

応神天皇は、秦氏、葛城氏、蘇我氏、物部氏、大伴氏、中臣氏、吉備氏、賀茂氏、等々、さらに薩摩隼人を加えた強力な布陣で、どんどん国内外の整備を進めました。

④ヤマトタケルの活躍

ヤマト国の秦《はた》氏の親戚で、景行天皇の系譜《けいふ》にヤマトタケル（倭建命）がいました。ヤマトタケルが指揮を執《と》った軍勢は九州南部に向かい、あっという間に熊曽《くまそ》を制圧しました。続いて出雲国周辺の反ヤマト残党勢力を掃討《そうとう》し、休む間もなく吉備《きび》氏らと東国に出向いて、関東～東北も制圧することに成功しました。この東征で、三種の神器《じんぎ》の一つであるスサノオの剣（草薙剣）が役に立ったとされます。

と、この話が本当なら、ヤマトタケルは短期間でとんでもない偉業を成し遂げたことになります。しかし、西も東も制圧するには十数年〜数十年かかると思われ、ヤマトタケルは一人ではなく「ヤマトの勇者たち」全てを指しているのでしょう。神代《じんだい》に登場した大国主神が実は数名存在したように、ヤマトタケルも数名、いやもっと大勢いたと思われます。

こうしてヤマト国はヤマト王権へと成長し、足場を固めたところで、世界最大級の墓（大仙《だいせん》古墳、大阪府堺市）で有名な第十六代仁徳《にんとく》天皇が即位しました。そして、天皇を元首とする日本（ヤマト）国家は、弥生時代から今日《こんにち》、さらに未来へと受け継がれていきます。

以上、神武東征からおよそ千年間の弥生歴史物語を終えます。

おわりに

西暦七一二年、日本最古の歴史書である古事記が編纂されました。膨大な情報の中から必要なものを厳選し、時代の趨勢《すうせい》を勘案《かんあん》して完成させていたのです。古事記に脚色を加えたものが日本書紀（七二〇年）です。八俣《やまた》の大蛇《おろち》や因幡《いなば》の白兎《しろうさぎ》、天孫降臨など古来伝わる数々の神話が歴史的事実でないことは周知のとおりですが、全くのデタラメではありません。古事記は何を伝えようとしているのか、誰もが自由に発想できるところが古事記研究の面白いところです。

また、私たち日本人の祖先はどこからやって来て、どうやって天皇を中心とした国造りがなされたのでしょう。皇室はもはや世界遺産というべき存在です。現存する世界最古の歴史を持つ日本をこれからも存続させるためには、古代に遡って原点回顧も必要です。いつの日か、今までの古代史・考古学研究の定説をひっくり返すような新しい遺跡や古代人のメッセージが発見されて、真相解明に近づくことを楽しみにしています。

令和元年　七月　五日

藤原　淳詞

このたび、初版に加筆修正・増補した増訂版を出版いたしました。

令和二年　八月　十二日

藤原　淳詞

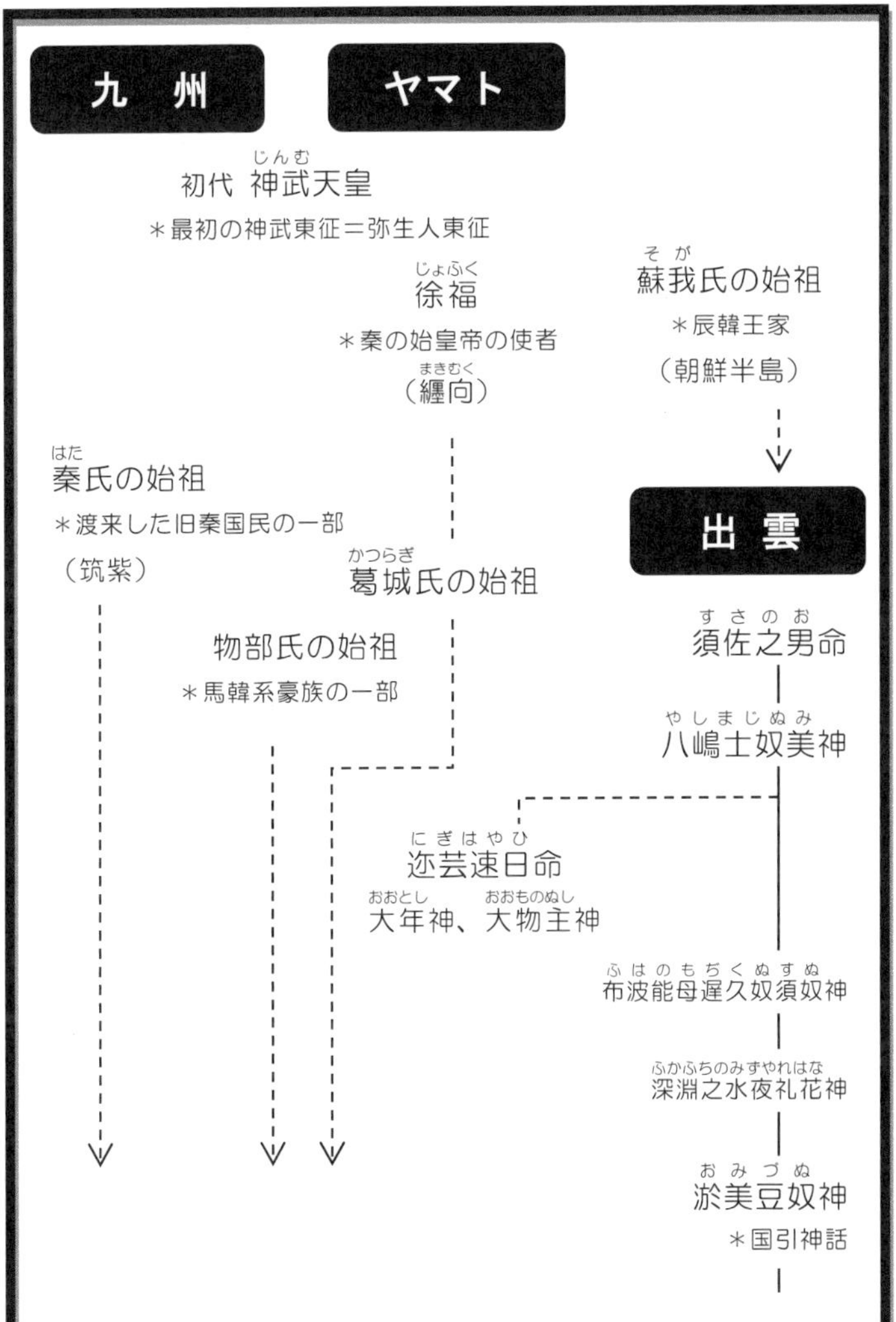
九州
ヤマト
初代 神武《じんむ》天皇
＊最初の神武東征＝弥生人東征
徐福《じょふく》
＊秦の始皇帝の使者
（纒向《まきむく》）
蘇我《そが》氏の始祖
＊辰韓王家
（朝鮮半島）
出雲
秦《はた》氏の始祖
＊渡来した旧秦国民の一部
（筑紫）
葛城《かつらぎ》氏の始祖
物部氏の始祖
＊馬韓系豪族の一部
須佐之男《すさのお》命
八嶋士奴美《やしまじぬみ》神
迩芸速日《にぎはやひ》命
大年《おおとし》神、大物主《おおものぬし》神
布波能母遅久奴須奴《ふはのもぢくぬすぬ》神
深淵之水夜礼花《ふかふちのみずやれはな》神
淤美豆奴《おみづぬ》神
＊国引神話

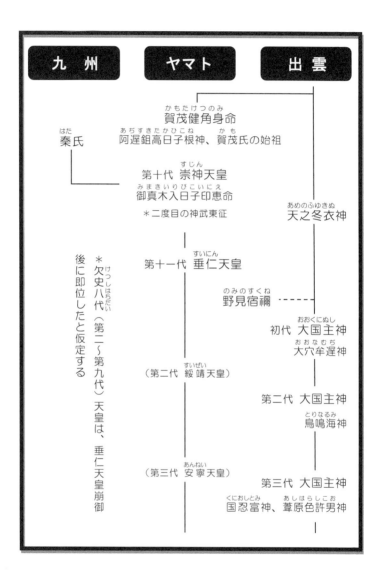

九州　ヤマト　出雲

賀茂健角身命《かもたけつのみ》

秦氏《はた》　阿遅鉏高日子根神《あぢすきたかひこね》、賀茂《かも》氏の始祖

第十代　崇神《すじん》天皇
御真木入日子印恵命《みまきいりびこいにえ》
＊二度目の神武東征

天之冬衣神《あめのふゆきぬ》

＊欠史八代《けっしはちだい》（第二〜第九代）天皇は、垂仁天皇崩御後に即位したと仮定する

第十一代　垂仁《すいにん》天皇

野見宿禰《のみのすくね》

初代　大国主神《おおくにぬし》
大穴牟遅神《おおなむち》

（第二代　綏靖《すいぜい》天皇）

第二代　大国主神
鳥鳴海神《とりなるみ》

（第三代　安寧《あんねい》天皇）

第三代　大国主神
国忍富神《くにおしとみ》、葦原色許男神《あしはらしこお》

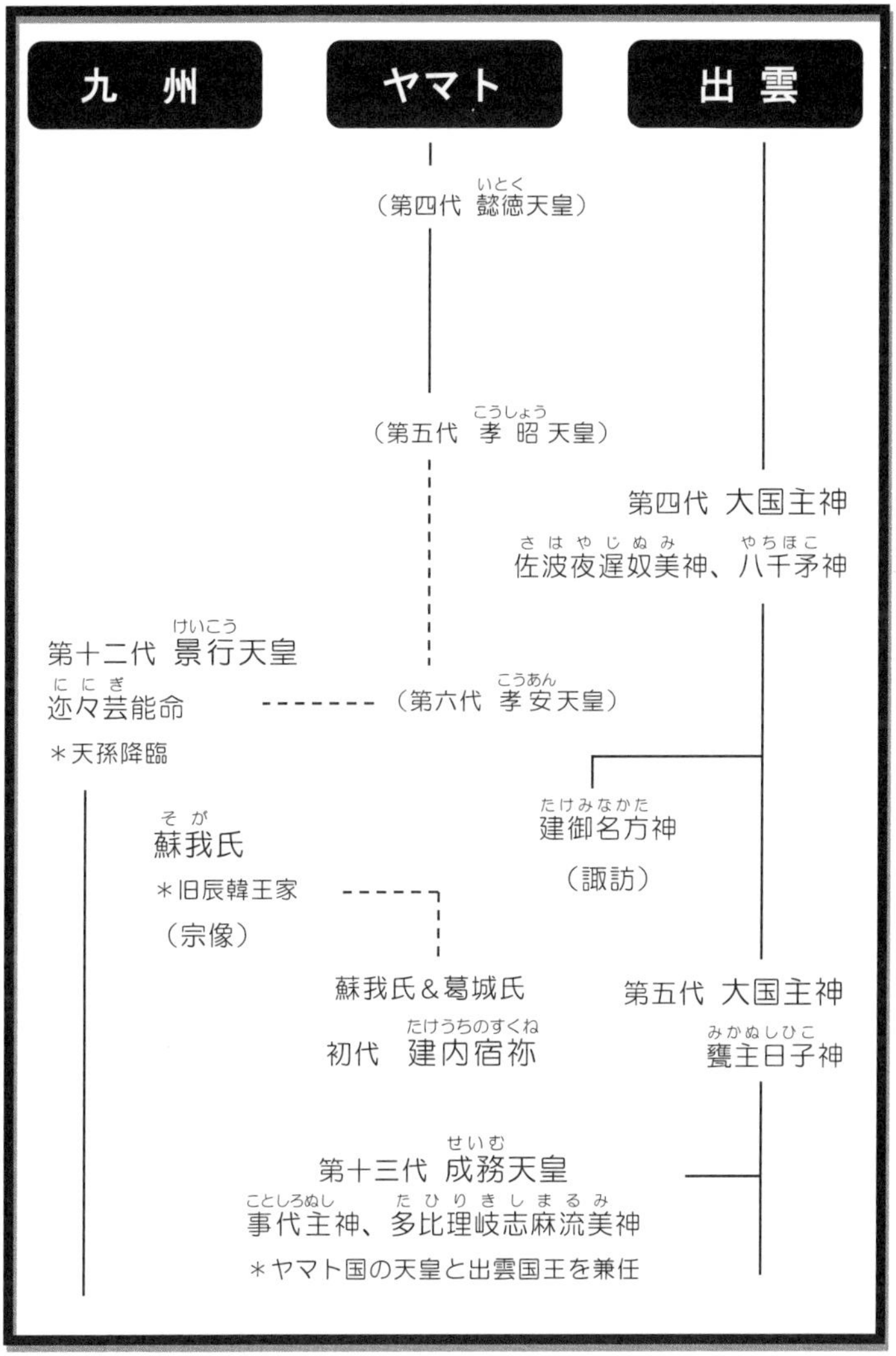
九州
ヤマト
出雲
（第四代 懿徳《いとく》天皇）
（第五代 孝昭《こうしょう》天皇）
第四代 大国主神
佐波夜遅奴美神《さはやじぬみ》、八千矛神《やちほこ》
第十二代 景行《けいこう》天皇
迩々芸《ににぎ》能命
＊天孫降臨
（第六代 孝安《こうあん》天皇）
建御名方《たけみなかた》神
（諏訪）
蘇我《そが》氏
＊旧辰韓王家
（宗像）
蘇我氏＆葛城氏
初代 建内宿祢《たけうちのすくね》
第五代 大国主神
甕主日子《みかぬしひこ》神
第十三代 成務《せいむ》天皇
事代主《ことしろぬし》神、多比理岐志麻流美《たひりきしまるみ》神
＊ヤマト国の天皇と出雲国王を兼任

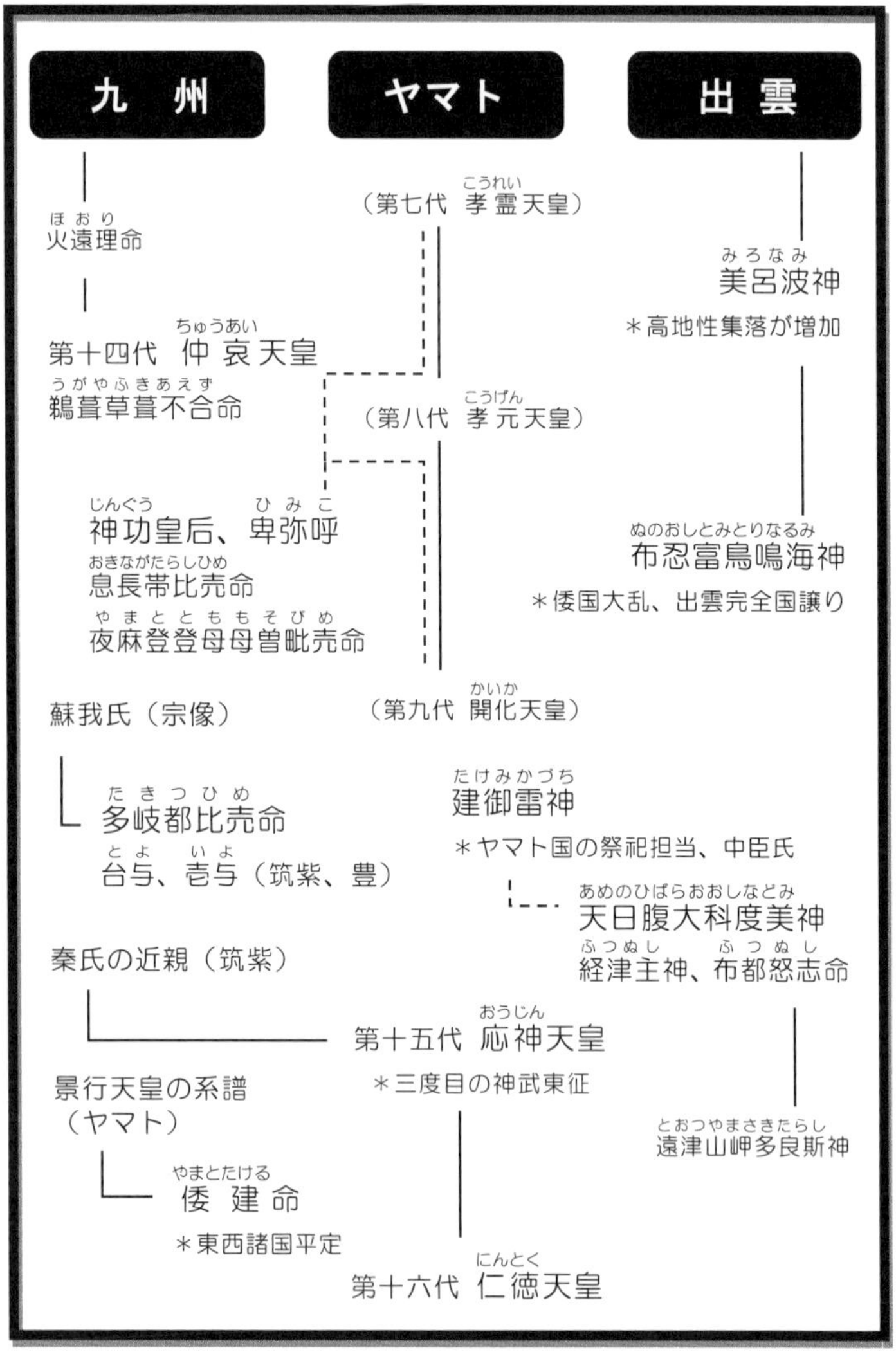
九州
ヤマト
出雲
火遠理《ほおり》命
（第七代 孝霊《こうれい》天皇）
美呂波《みろなみ》神
＊高地性集落が増加
第十四代 仲哀《ちゅうあい》天皇
鵜葺草葺不合《うがやふきあえず》命
（第八代 孝元《こうげん》天皇）
神功《じんぐう》皇后、卑弥呼《ひみこ》
息長帯比売《おきながたらしひめ》命
夜麻登登母母曽毘売《やまとともももそびめ》命
布忍富鳥鳴海《ぬのおしとみとりなるみ》神
＊倭国大乱、出雲完全国譲り
蘇我氏（宗像）
（第九代 開化《かいか》天皇）
多岐都比売《たきつひめ》命
台与《とよ》、壱与《いよ》（筑紫、豊）
建御雷《たけみかづち》神
＊ヤマト国の祭祀担当、中臣氏
天日腹大科度美《あめのひばらおおしなどみ》神
経津主《ふつぬし》神、布都怒志《ふつぬし》命
秦氏の近親（筑紫）
第十五代 応神《おうじん》天皇
＊三度目の神武東征
景行天皇の系譜
（ヤマト）
倭建《やまとたける》命
＊東西諸国平定
遠津山岬多良斯《とおつやまさきたらし》神
第十六代 仁徳《にんとく》天皇

ー古事記の深層ー　弥生歴史物語
増訂版　出雲とヤマトと邪馬台国

2021年1月21日　初版第1刷発行

著　者　藤原　淳詞（ふじはら・あつし）

発行所　ブイツーソリューション
〒466-0848 名古屋市昭和区長戸町 4-40
電話 052-799-7391　Fax 052-799-7984

発売元　星雲社（共同出版社・流通責任出版社）
〒112-0005 東京都文京区水道 1-3-30
電話 03-3868-3275　Fax 03-3868-6588

印刷所　藤原印刷

ISBN 978-4-434-28427-4
©Atsushi Fujihara 2021 Printed in Japan

万一、落丁乱丁のある場合は送料当社負担でお取替えいたします。
ブイツーソリューション宛にお送りください。